文芸研の授業シリーズ③

おおきなかぶ

著者：奥　葉子
編集：『文芸研の授業シリーズ』編集委員会

新読書社

はじめに

『文芸研の授業シリーズ』刊行にあたって

活動中心の授業が推奨されることが多くなり、発表会やペープサート、リーフレットや図鑑づくりを単元のゴールに設定した国語の授業が増えています。文芸教材や説明文教材を読むことが、別の目的（言語活動）のための「動機づけ」のように扱われることもあります。さらに、文章全体を大まかに把握して要約する力を問うような全国学力テストの出題が、その傾向に拍車をかけています。どのような活動を仕組むかということばかりに授業づくりの関心が向けば、教材研究は表層的なものになり、中身の薄い授業になってしまいます。活動の「楽しさ」ばかりが追求され、教材を読むことの「おもしろさ」が言語活動の背後に押しやられている現状に危惧を感じている先生方も多くいらっしゃるのではないでしょうか。

本書『文芸研の授業シリーズ』は、各巻の執筆を私ども文芸教育研究協議会（文芸研）の会員が担当し、一つの教材の何を、どう授業するか、すなわち教材分析・解釈と授業の実際をわかりやすくお示ししています。

一「教材をどう読むのか」では、教材の特質をふまえた詳細な分析を述べています。

二「この教材でどんな力を育てるか」では、子どもたちにどのような「ものの見方・考え方」を育てるか、どのような「人間の真実」や「ものごとの本質」を認識させたいかという教師の「ねらい」を示しています。一と二により、この教材の何をこそ授業するのかということが明確になります。「教師の読み」が明確になり、豊かで深いものになればかりでなく、実際の授業における子どもたちの多様な読みを意味づけ、授業の流れの中に生かしていくことも可能となるのです。子どもたちの主体的で深い学びを実現するためには、まずは教師による深い教材研究が必要なのです。

また、三「この教材をどう授業するか」では、毎時間の授業構想と板書計画を紹介しています。見開きページに一時間分がまとめてありますので、授業に慣れていない若い先生方に参考にしていただけるものと思います。もちろん学級の実態によって授業の内容は変化していくものですから、四「授業の実際」の記録と見比べながら、ご自身の学級の子どもたちにとって価値のある授業を模索していただければ幸いです。

子どもたちに人間やものごとの本質を認識・表現する力を育てたいと願う先生、生きてはたらく「ものの見方・考え方」を身につけさせたいと願う先生、豊かな人間観・世界観を培いたいと願う先生、そして何より真に「なるほど」「おもしろい」と感じられる国語の授業を求める子どもたちのために、本書が少しでもお役に立てれば幸いです。

本シリーズの刊行にあたって、新読書社・伊集院郁夫氏には企画の段階から的確なアドバイスをいただいて参りました。記して感謝申し上げます。

二〇一六年七月

文芸教育研究協議会

『文芸研の授業シリーズ』編集委員会

目次

一

教材をどう読むのか

1 作品の構造

（1）視点

●外から眺める民話の特徴

語り手は《外の目》で、登場人物の言動や周りの様子を脇から眺めています。これは民話の特徴でもあります。読者は、話者の語りにのって、同じように人物の様子を眺め、読み進めることになります。

そのため、「おじいさんはどんな気持ちだろう。」など人物の気持ちを問うのではなく、読者が人物の行為をどう意味づけるかというのが読み進めるにあたっては重要になってきます。

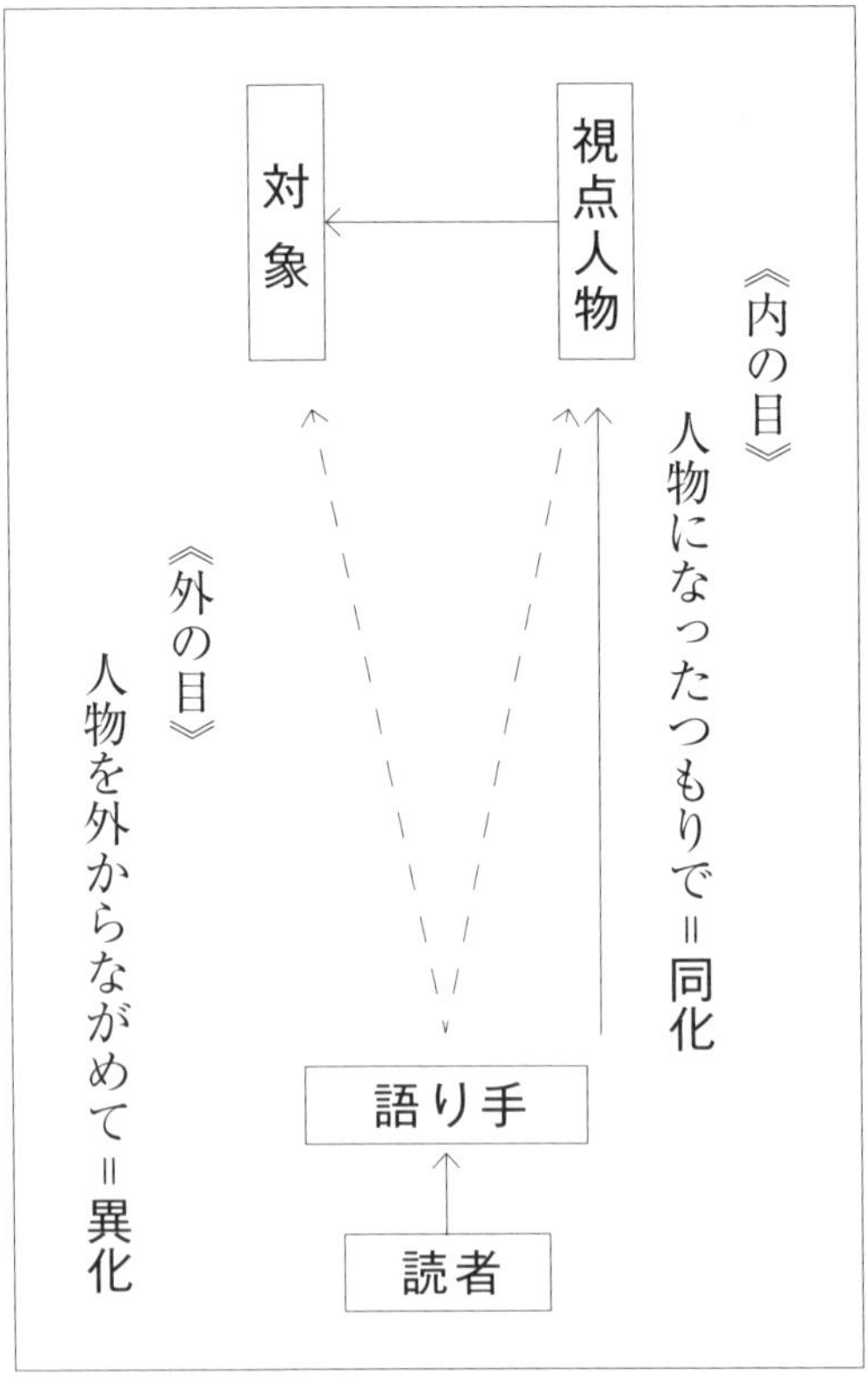

（2）題名

●「おおきな」かぶ

「かぶ」というのは食べ物です。それにしても〈おおきな〉かぶですから、一体どれ位の大きさなのでしょう。味はどうなのでしょうか。読者にしてみれば、何だかわくわくして先が読みたくなる《仕掛》のある題名です。

題名は「おおきなかぶ」ですから、おおきなかぶのイメージが中心です。ロシア語の原題には「おおきな」がなく、ただの「かぶ」となっています。翻訳する際にあえて「おおきな」をつけたということです。それは「これがみんなで引っ張る話だからです。みんなで寄ってたかって引っぱるには、やはり「おおきなかぶ」ということになります。甘いだけでは一人で抜けてしまうからです」（荒木英治『文芸研の授業「大きなかぶ」の授業』二〇〇四年一一一頁）という訳者・西郷竹彦（文芸研会長）の言葉がありますが、「おおきなかぶ」とすることで、「どんな大きなかぶが登場するのだろう。」という読みの構え、《観点》を読者に示します。

くらべ読み

かぶ ⟷ おおきなかぶ

ところでこれはロシア民話です。日本では沢山の野菜の中の一つとして漬け物や煮物などで食べられているかぶですが、ロシアでは民衆に大変馴染みの深い、主要な野菜だそうです。

（3）筋・構成・場面

構成

【場面分け】（場面の始まりの文です）

一場面　おじいさんが、かぶのたねをまきました。
二場面　おじいさんは、かぶをぬこうとしました。
三場面　おじいさんは、おばあさんをよんできました。
四場面　おばあさんは、まごをよんできました。
五場面　まごは、いぬをよんできました。
六場面　いぬは、ねこをよんできました。
七場面　ねこは、ねずみをよんできました。
八場面　とうとう、かぶはぬけました。

一場面

（おじいさんが、かぶのたねをまきました～）

●重ね言葉に表れるおじいさんの願い

〈おじいさんがかぶのたねをまきました〉と語り手が《外の目》で語っています。

おじいさんは種を蒔いた後、〈「あまいあまいかぶになれ。おおきなおおきなかぶになれ。」〉と言っています。「～なれ」というのは願いを表す表現です。おじいさんが「あまいあまいかぶになってほしい、大きな大きなかぶになってほしい。」という願いを持っていることが分かります。

そうしておじいさんの願いどおり、たいへん味の良い、しかも大きな、食べ物としての値打ちを充分にもつかぶができました。〈あまいあまい〉〈おおきなおおきな〉と言葉を重ねることによって、願いが強調されます。「かさね言葉」（畳語）にはイメージと意味を強調する効果があるのです。「かさね言葉」からその願いの強さが分かります。

●順序に表れる値打ち

ここでは〈あまい〉が先で、〈おおきな〉が後という順序になっています。どうしてこのような順序になっているのでしょうか。

食べ物の値打ちは栄養・味です。いくら大きくても、まずいものは食べ物としての値打ちがありません。おじいさんは食べ物として値打ちのあるかぶになってほしいからこそ、何よりも〈あまい〉を先に願うのです。

②あまい　あまい
①おおきな　おおきな
かぶになれ

①おおきな　おおきな
②あまい　あまい
かぶになれ

●値打ちのあるかぶだからこそ

おじいさんが、〈「あまいあまいかぶになれ。おおきなおおきなかぶになれ。」〉と願うと、次にはおじいさんの願いどおりの〈あまいあまい、おおきなおおきなかぶになりました〉とあります。途中に「どういう種を蒔きました」「水をやりました」というようなことは書かれていません。これはかぶについての説明書でも、農業技術の指導書でもなく、そもそも労働が主なテーマではないからです。書かれていないのは、本筋ではないからなのです。値打ちのあるかぶを、力の弱い者も仲間に入れてみんなで抜くというところに観点を絞っているのです。ですから「どれくらいのかぶになったか」「どんな蒔き方だったか」など「ようす」を想像させる問いは、根拠もないため意味がありません。

ここで重要な事実は、おじいさんが、〈かぶのたねをまきました〉ということです。おじいさんが自ら種を蒔き、その労働の成果として素晴らしいかぶが育ったからこそ、みんなで最後まで協力し、連帯して抜く価値があるのです。

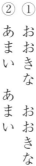

二場面

（おじいさんは、かぶをぬこうとしました～）

●抜けないことで大きくなるかぶのイメージ

〈「うんとこしょ、どっこいしょ。」〉から、おじいさんが力一杯引っ張っていることが分かります。読者にしてみれば「大人がこんなにも力を入れて抜くわけだからきっと抜けるに違いない」と思います。〈けれども〉予想に反してかぶは抜けませんでした。おじいさんの力をもってしても抜けなかったかぶは、おじいさんの力よりも大きなイメージです。おじいさんの力との相関関係において、かぶのイメージはより大きなものへと変化していくのです。

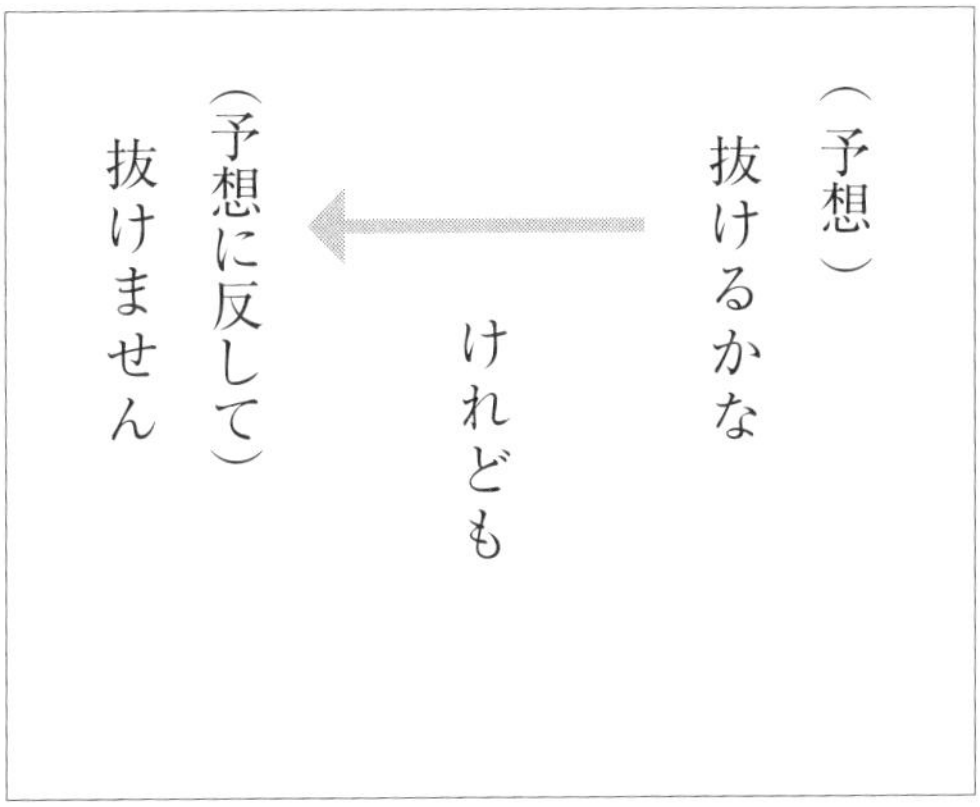

●つなぎ言葉に見られる話者の見方

ところでここで〈けれども〉と感じているのは誰でしょうか。あまいあまい、おおきなおおきなかぶができて、「おじいさんが一生懸命引っ張っているのだから抜けるかなあ、抜けたらいいなあ。でも、残念ながら抜けなかった」という〈けれども〉です。

ここでは語り手の「抜けるだろう」という予想・願いに反して抜けなかったから〈けれども〉という「つなぎ言葉」が使われています。つまりどのような「つなぎ言葉」を使うかは、「つなぎ言葉」の前後の意味内容の関係ではなく、語り手の認識によるのです。

三場面 （おじいさんは、おばあさんをよんできました～）

●値打ちのあることに仲間を誘う

一人ではかぶが抜けなかったおじいさんは、おばあさんを呼んできます。抜けないからといってあきらめず、仲間を呼ぶのはなぜでしょう。それはこのかぶが食べ物として値打ちのあるかぶだからです。

おじいさんに比べれば、加わったおばあさんの力は小さいことでしょう。それでも二人で力を合わせれば、一人の時に比べてずっと力は大きくなっています。「うんとこしょ……。」とくり返される言葉は同じでも、力はぐんと強くなっているのです。それと共にかぶを抜きたいという願いも大きくなってきています。

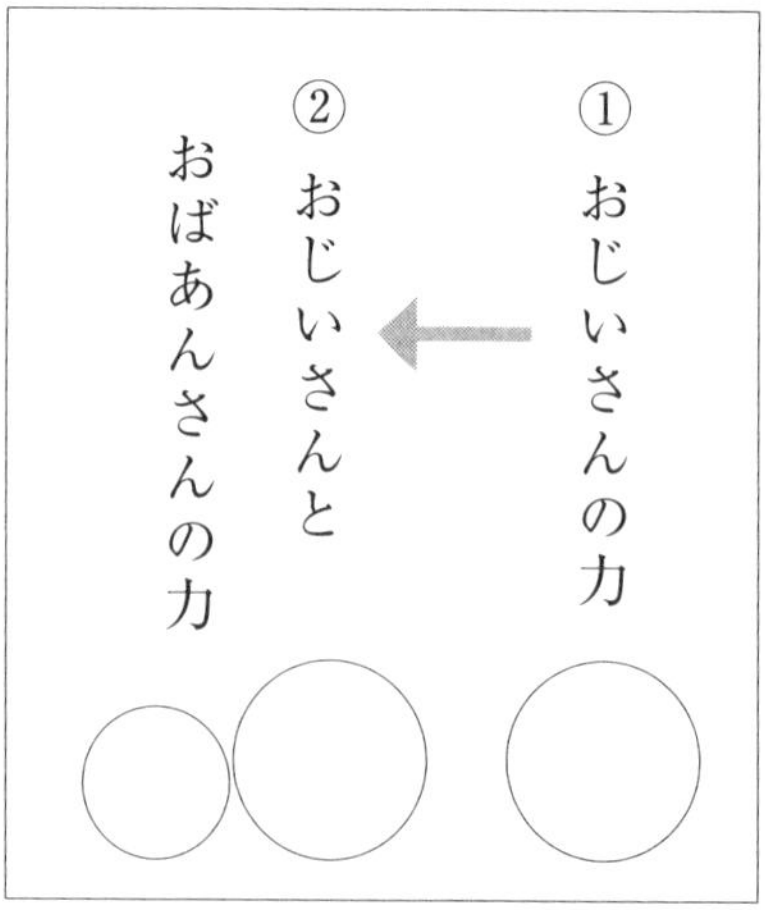

読んでいる読者にしても「抜けてほしいなあ」と思い、一緒に力が入ることでしょう。「大人が二人で引っ張るのだから抜けるかな」と少し期待もするところですが、〈それでも〉かぶは抜けませんでした。ここでも話者の予想に反して、かぶが抜けないということがつなぎ言葉から読み取れます。

予想以上にたいへんな収穫作業になってきました。「本当に大きなかぶだなあ」「今度こそ抜けてほしいなあ。残念だなあ」と読み進める読者にすれば、かぶのイメージが一層大きくなってきます。

四場面 （おばあさんは、まごをよんできました〜）

●変化をともなって発展する反復

> □は□を　よんできました。
> □を□が　ひっぱって
> 「うんとこしょ。どっこいしょ。」
> □、かぶはぬけません。

今度はまごを呼びました。何とかかぶを抜きたいという願いから、自分よりも力の弱い者にでも助けを求める姿がくり返し描かれています。そして、値打ちのあることに仲間を誘うということもくり返されています。

この物語ではおじいさん→おばあさん→まご→いぬ→ねこ→ねずみと、体の大きいものから小さいものという順序で登場する反復が、同じような文型でくり返し語られています。民話のもつくり返しの構造が典型的に表れています。

くり返し（反復）の表現は、ものごとを覚えていく時に一番分かりやすい単純な方法です。しかもこの時期の読者にとって、おもしろく楽しい体験ができるのです。

ところが、それでもかぶは抜けません。今までずっと抜けることを期待してきた語り手でしたが、ここでは〈やっぱり〉かぶが抜けないと語っています。「おじいさんとおばあさんが力を合わせてもだめだったし、こんなに大きなかぶだからもしかしたら今回も抜けないかもしれない」という思いの後の、「〈やっぱり〉抜けなかった」という語り手の語りです。

五・六場面

（まごは、いぬをよんできました〜）

●異類のものをも仲間に誘う

かぶがなかなか抜けないものですから、まごはいぬを呼んできました。ついに異類のもの（人ではないもの）まで仲間に誘っているのです。あまくて大きくて食べ物として値打ちのあるかぶ、そんなかぶだからこそ、何とかして抜きたいという願いのもとに、異類のものさえも協力するのです。

ところでここでいぬやねこは現実のそれではなく、人物として登場します。犬のイメージであると同時に人間のイメージです。姿形は犬ですが、そこには人物としての性格を併せ持っているのです。

□を□が　ひっぱって

という文型が二場面からずっとくり返されています。仲間が増え、力が大きくなり、抜けてほしいという願いもだんだん強くなっていくことが同様にくり返されているのです。

みんなの力を合わせても〈まだまだ〉〈なかなか〉かぶは一向に抜ける気配がありません。ここまでくると〈おおきなかぶ〉のイメージも相当にふくらんできます。読み進めてきた読者も、「抜けてほしい」と願いながらも、「すごく大きなかぶだなあ。本当に抜けるのかな」という思いがしてきます。

七・八場面

（ねこは、ねずみをよんできました～）

●値打ちのあることに力を合わせる

ついに、ねこはねずみを呼んできます。ねことねずみは、「食う—食われる」の関係です。それなのになぜ、ねずみまで仲間に加わったのでしょうか。ここではねずみはねこに力を貸しているのではありません。ねずみは、値打ちのあることに力を貸しているのです。今までの人物と同じくねずみもまた、助けを求められた者はそれに応じる、そういう人物として描かれています。

しかし、おじいさんの力に比べれば、ねずみの力など本当に微々たるものです。その上、抜けないことで大きくなったかぶのイメージとのコントラストで、ここで登場したねずみのイメージは本当に小さなものとして映ります。そのちっぽけなねずみが来たからといって、どれほどの期待ができることでしょう。

それでもあきらめずに〈「うんとこしょ、どっこいしょ。」〉と力を合わせます。抜けてほしいという人物たちの願いと語り手の願い、そして読者の願いが最高潮に達した時、〈とうとう〉かぶは抜けました。思わず、読者が拍手したくなる場面です。登場人物の度重なる努力を見る中で自然と人物に《同化》してきた読者にすれば、「やっと抜けた」「やったあ」という場面です。

一方おじいさんたちを《異化》してみてみると、「抜けて良かったね」という思いがわいてきます。それらはおじいさん達と同じように願いを持って読み進めてきた読者だからこその、切実な《共体験》であると思います。

「ねずみがいたからこそかぶが抜けた」と、読者にすれば大喜びです。「ねずみは本当にすごい！」と子ども達も口々に語る場面です。

●小さなねずみの大きな役割

ではこのかぶが抜けたのは、ねずみの力が強かったからなのでしょうか。否、ねずみの力は本来ちっぽけなものです。しかし大きな大きなかぶのイメージの前に、ねずみが加わることでかぶが抜けたとなるとどうでしょう。ねずみの力のイメージは、あの大きなかぶに匹敵するくらいにぐうんと大きくなります。小さなものの大きな役割がクローズアップされてくるのです。ですから読者にしても「ねずみはすごい!」と思わずにはいられないのです。こんなちっぽけなねずみでさえも、ねずみがいたからこそ、願いが叶う幸せな世界になったのです。

ここでは「ねずみ」に注目することで、単に「協力する」ということではなく、「小さなものの大きな役割」という意味について考えたいと思うのです。

2 作品の特質

（1）民話

●口承文学としての民話

民話は口承文芸です。口承文芸というのは、語り継ぎ聞き継がれる文芸で、いわば文芸の原型、母体といっていいものです（『西郷竹彦文芸・教育全集』一九九六年七巻一一頁―以下『全集』とする）。昔ばなしの「再現」とは異なり、あくまで作者の思想をくぐらせた「再創造」です（部落問題研究所編『文学読本「はぐるま」指導の手引き』一九七八年五七頁）。

この「おおきなかぶ」では、現実には育てた農作物を収穫するという行為が描かれているに過ぎません。また、人物のねずみなどもごくありふれた生き物です。しかし他ならぬこれらの人物を《選択》して、余計な言葉は加えずに、仲間を呼ぶ、かぶを抜くといった行為のみをくり返し描くことに、昔話の再現とは異なるこの作品の民話としての「再創造」がみられます。

またソビエト文芸の父といわれたゴーリキーは、民衆の語り伝えたものすべて民話とは呼べないこと、真の民話とは民衆の思想（論理と倫理）につらぬかれているもの、と厳しく規定しています（『全集』一七巻二七六頁）。

民衆は古来助け合って生きてきました。「おおきなかぶ」の中でも、犬猿の仲、「食う―食われる」関係と考えられている犬と猫、猫とねずみはそれぞれ仲間に加わり力を合わせます。価値あることに力を合わせることに連帯の意味があること、どんな小さな弱い存在でも仲間に入れることに意味があるという思想こそがこの作品を民話と言わしめる所以です。

その「語り口」もまた、民話の面白さです。非常にテンポの良いくり返しが、心地よく続きます。

●くり返し

民話に特有な構造としての《くり返し》が、この「おおきなかぶ」にも見られます。

「おおきなかぶ」では、かぶが抜けないことで仲間を呼ぶ、仲間に加わる、力を合わせるということがくり返されています。このことは何よりも「値打ちのあるかぶ」を抜くという願いを叶えるためのくり返しです。民話は「民衆の願いの叶う世界」だと言われています。くり返しから、願いの実現のためにみんなで力を合わせる人間の真実を、そこにみることができます。

●挿絵について

民話（昔話）の挿絵について考えると、まずお話がすでにあるのでそれに絵を添えるという形になっています。

西郷竹彦会長によると、この「おおきなかぶ」では、次のような経緯があるそうです。

〈かぶのたねをまきました〉は、ロシア語では「植えた」となっています。ロシアではかぶの種は、挿絵のように指で穴を開けてその中に種を植えます。日本の場合は、かぶの種をまいて間引いていくという方法で、まったく異なるのです。そのような訳で、光村図書の「おおきなかぶ」では〈おじいさんが　かぶのたねを　まきました〉という翻訳文に、おじいさんがかぶのたねを植えている挿絵になったようです。また挿絵の人物の服装についても、話が栄えるように　民族衣装でおめかししている服装に描いているそうです

〈荒木英治『文芸研の授業「大きなかぶ」の授業』二〇〇四年〉。

授業では、挿絵が大いに助けになる部分があるとは思いますが、取り扱いに注意が必要です。

（2）文型のくり返し

□は□をよんできました。

□を□がひっぱって

「うんとこしょ。どっこいしょ。」

□、かぶはぬけません。

人間の本質は、連帯するということです。ここではおじいさんが、おばあさんを呼び、まごを呼び……と仲間を呼びに行き、また呼ばれた方も仲間に加わります。願いを実現するためには力の小さいものにも助けを求めるという人間の本質がくり返し語られています。

（3）かさね言葉

〈「あまいあまいかぶになれ。おおきなおおきなかぶになれ。」〉

〈あまい〉というのに比べると〈あまいあまい〉の方が随分甘く感じられます。〈あまいあまい〉〈おおきなおおきな〉と語る方が、より種を蒔いたおじいさんの願いの強さを感じます。かさね言葉（反復）には、イメージと意味を強調する効果があります。

〈あまいあまい、おおきなおおきなかぶになりました。〉

〈あまい〉こと（質）、〈大きな〉こと（量）から、食べ物として値打ちのあるかぶに育ったことが分かります。ここではそれを願うおじいさんの言葉から、おじいさんが農民（労働者）として食べ物の値打ちの分かる人物であることも分かります。

（4）つなぎ言葉

おじいさんは、かぶをぬこうとしました。
「うんとこしょ、どっこいしょ。」
けれども、かぶは　ぬけません。

一文目に〈おじいさんは、かぶをぬこうとしました〉とありますから、「けれども、ぬきませんでした」ならば分かります。しかし、そうではありません。〈けれども、かぶはぬけません〉ですから、その前に「かぶはぬけるだろう」という思いがあるわけです。それを受けての〈けれども〉です。

ここはおじいさんが〈けれども〉と思っているように取られがちですが、この語りは他ならぬ語り手のものです（『全集』七巻一五六頁）。この〈けれども〉からは、「かぶはぬけるだろう」という語り手の思いをみることができるのです。このように「つなぎ言葉」によって、前の語り手の見方と後の語り手の見方がつながっています。「つなぎ言葉」は、それを語っている人の気持ちや態度を表します。前の文と後の文をつなぐのだと考えるのではないのです。

（5）変化をともなって発展する反復

抜こうとしたがだめだった、そこで仲間を呼びに行ったという行為がくり返されています。登場人物は、おじいさん、おばあさん、まご……と変化があっても、そこに共通したものがあります。それを変化をともなう反復（『光村版教科書指導ハンドブック新版小学校一学年国語の授業』二〇一五年九〇頁）といいます。

●人物の《選択》

ここでは六人の人物が《選択》されています。その中には人間だけではなく、人間以外の異類のものも加わっています。人間に比べて、ねずみを登場させることで「最後に本当に小さくて力の弱いちっぽけな存在のものが加わったなあ」という印象になります。そうしてかぶが抜けた時、「小さなねずみの力」が非常に「大きく感じられる」という矛盾したイメージを生むことになります。

また〈いぬ〉―〈ねこ〉、〈ねこ〉―〈ねずみ〉という仲の悪い、「食う―食われる」の関係が出てきます。それでも協力するだけの値打ちのあるかぶだということが、この人物の《選択》から強調されます。

（6）訳者の文体

ここまで見てきた「おおきなかぶ」は光村図書採用の西郷竹彦訳のものです。他の教科書では内田莉莎子訳を採用しています。

西郷竹彦訳

かぶを　おじいさんが　ひっぱって
おじいさんを　おばあさんが　ひっぱって
……
いぬを　ねこが　ひっぱって
ねこを　ねずみが　ひっぱって

内田莉莎子訳

ねずみが　ねこを　ひっぱって
ねこが　いぬを　ひっぱって
……
おばあさんが　おじいさんを　ひっぱって
おじいさんが　かぶを　ひっぱって

西郷訳と内田訳ではかぶを引っ張る時の順序の語り方が異なります。

西郷訳ではおじいさん↓おばあさん↓……ねずみと大きな人物から小さな人物という順序で語られています。ですから語り手の語りにのって読み進める読者には、最後にねずみのイメージが大きく残ります。「ねずみがいてくれたから抜くことができたんだなあ」という思いが読者に強く残るのです。

二

この教材でどんな力を育てるのか

1 認識の力

（1）認識の内容

●《認識の内容》とは

子どもたちがただその作品が表現している内容（いわゆる主題）がわかるというだけでは、その教材をわかるだけで終わってしまいます。人間や世界をわかる力にはなりません。その作品をふまえて、そこから人間とは、と考えられるようにしたいものです。

そのように作品の具体（大きなかぶを抜く体験）から、一般化・普遍化した内容（人間とは、という深い考え）のことを《認識の内容》といいます。いわゆる思想です。文芸教材では人間認識を、説明文・意見文では主に社会認識や科学認識を育てることができます。

認識の内容

〈表現されている内容（主題）〉

おじいさんが作った値打ちのあるかぶを抜くために、おばあさん、まご、いぬ、ねこ、ねずみと次々に仲間を呼んで力を合わせ、ついにかぶを抜くことができた。

〈認識内容（思想）〉

○価値あることに力を合わせることに連帯の意味がある。

○どんなに小さな弱い存在でも、仲間に入れることで力を発揮する。

（2）認識の方法

●《認識の方法》とは

右のような内容をわかるための「ものの見方・考え方」のことを《認識の方法》といいます。この作品で学ばせたいのは、どんな認識の方法でしょうか。

①類比

《類比》というのは、《比較》の中でも同じ所、似ている所を比べるという見方・考え方です。くり返されているところとも言えます。

ここでは、

①かぶが抜けないということ

②仲間を呼ぶということ

③呼ばれたものが仲間に加わるということ

がくり返されています。値打ちのある目的をもって、値打ちのある行動を、仲間と一緒になって行うものだということがくり返しくり返し語られているのです。

②順序

大事なことを先に言うというのが、ことば・表現というものの基本的な順序です。

おじいさんはまず初めに〈あまいあまいかぶになれ〉と願っています。「あまい」ということは食べ物としての値打ちです。「おいしい」ということでもあるし、それは同時に「栄養がある」ということでもあります。《順序》を見ることで、おじいさんが「食べ物として値打ちのあるかぶに育ってほしい」と思っている願いに気づくとともに、おじいさん自身もそのような値打ちの分かる人物であることが分かります。

登場人物の順序はどうでしょう。

もし初めにねずみが出てきて、最後におじいさんが出てくるという逆の順序になったと考えてみましょう。やはり大きなものが出てこないとものごとは片付かないなあということになってしまいます。この物語では、ほんのちっぽけなねずみの登場で抜けるというところに大きな感動があるのです。登場する人物の順番に目を向けることで、「小さなものの大きな役割」を意味づけることができます。

③理由

おじいさんは、おばあさんを呼んできます。おじいさんがおばあさんを呼んだ《理由》は、おじいさんだけの力ではかぶが抜けないからです。呼ばれたおばあさんが加わった《理由》は、このかぶが食べ物として価値のあるかぶ＝力を貸すに値するものだったからです。さらに、おばあさんはまごを呼び……と次々に仲間を呼ぶことになります。

食べ物としての値打ちのあるかぶを抜きたいという願いの実現のために、おじいさんは仲間を呼びました。初めはおじいさんただ一人だった、「かぶを抜きたい」という願いが、人物みんなの願いになっていきます。仲間を呼ぶ《理由》を考えることで、かぶの食べ物としての価値や、かぶを抜きたいという人物たちの願いが広がり、大きくなっていくことがとらえられます。

二

関連・系統指導案（小学校の中心課題）

0 観点 目的意識・問題意識・価値意識

真・偽ほんと—うそ
善・悪いいこと—わるいこと
美・醜きれい—きたない
有用・無用やくにたつ—やくにたたない

高（1〜10）／中（1〜6）／低（1〜3）

1 比較（分析・総合）
類似性—**類比（反復）**
相違性—対比

2 順序 過程・展開・変化・発展
時間・空間・因果・心情・思考・論理・意味

3 理由・原因・根拠

4 類別（分類・区別・特徴）
特殊・具体 一般・普遍
全体と部分

5 条件・仮定・予想

6 構造（形態）・関係・機能・還元

7 選択（効果・工夫）・変換

8 仮説・模式

9 関連・相関・連環・類推

10 相補

（西郷試案2の2）

【参考資料】子どもたちに育てたい「ものの見方・考え方」の系統案（認識の系統表）
文芸教育研究協議会 西郷竹彦会長による

認識の対象 ことば・表現・人間・ものごと
認識の方法 **ものの見方・考え方** わかり方（表し方）
認識の内容 本質・法則・真理・真実・価値・意味
→ **認識の内容**

関連・系統指導案（中学校・高等学校の中心課題）

1 多面的・全一的・体系的
1 多面的・多角的・多元的
2 全面的・全体的・大局的・総合的
3 全一的・統一的・統合的・概括的・総括的
4 体系的・系統的
5 複眼的（巨視的・微視的）・複合的・相補的

2 論理的・実証的・蓋然的
1 論理的（演繹的・帰納的・類推的）
2 合理的・整合的・合目的的
3 実践的・実証的・客観的
4 蓋然的・確率的・統計的

3 独創的・主体的・典型的
1 個性的・独創的
2 自己の対象化・相対化・客体化
3 主体的（主観と客観の統一）
4 典型的（個別・特殊と一般・普遍の統一）

4 象徴的・虚構的・弁証法的
1 矛盾的・力道的・弁証法的
2 象徴的
3 虚構的

（西郷試案2の2）

三

この教材をどう授業するか

授業計画

教授＝学習過程（全９時間）

とおしよみ

《だんどり》（1時間）

題名読み／作家と作品／読み聞かせ／はじめの感想

《たしかめよみ》（7時間）

場面ごとに視点をふまえて読み、切実な共体験をめざす。

◇一の場面・・・・1時間
◇二の場面・・・・1時間
◇三の場面・・・・1時間
◇四の場面・・・・1時間
◇五の場面・・・・1時間
◇六の場面・・・・1時間
◇七・八の場面・・・・1時間

まとめよみ

《まとめよみ》（1時間）

まとめ／《典型化》／おわりの感想／感想の交流

授業の構想

※《だんどり》（1時間目）題名読み／作家と作品／読み聞かせ／はじめの感想は省略

たしかめよみ　一場面

（2時間目）（おじいさんが、かぶのたねをまきました〜）

ねらい

▼おじいさんの願いや、順序を見ることで、食べ物としての値打ちのあるかぶのイメージをとらえさせる。

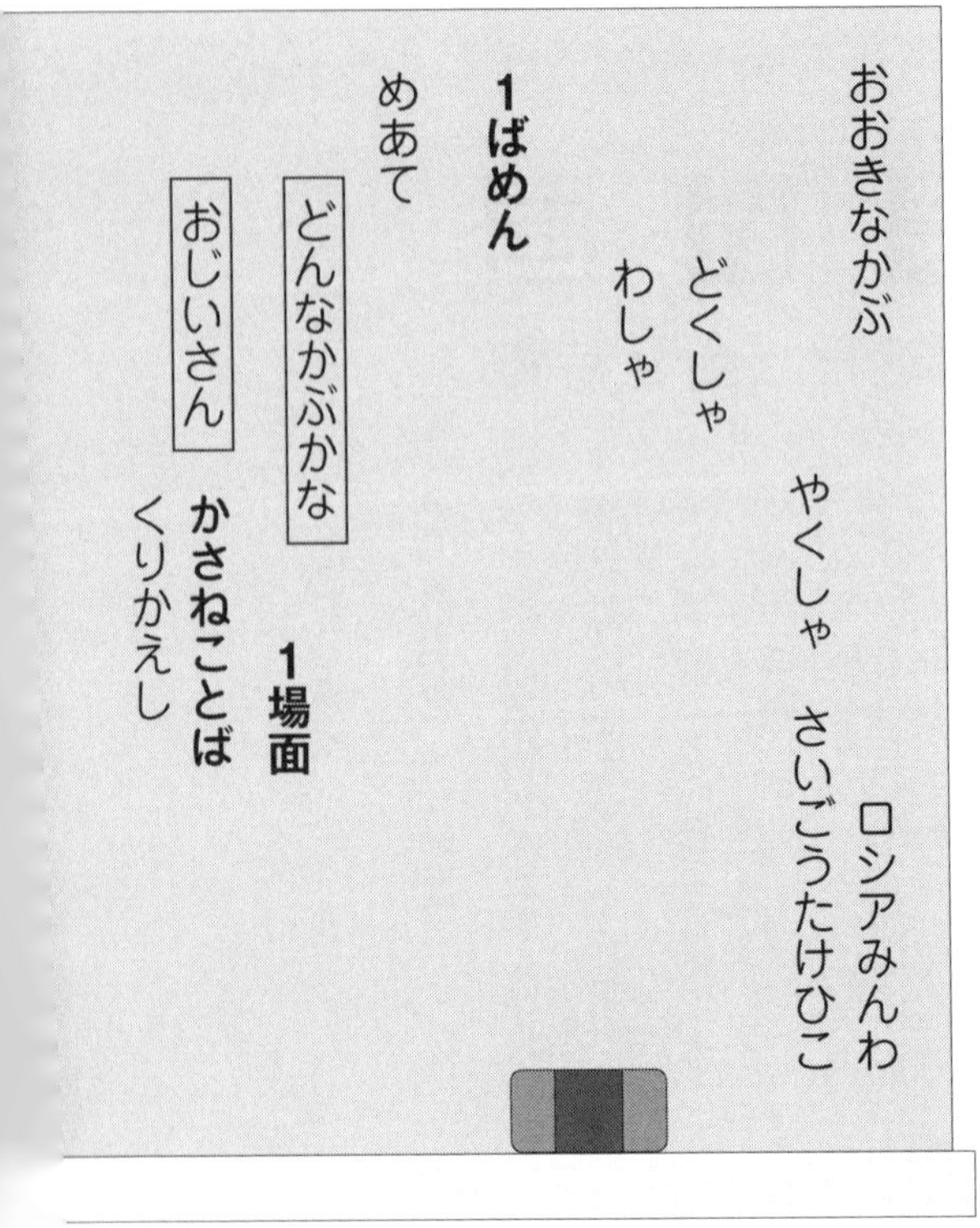
おおきなかぶ
ロシアみんわ
やくしゃ　さいごうたけひこ
どくしゃ
わしゃ
1ばめん
めあて
どんなかぶかな
1場面
おじいさん
かさねことば
くりかえし

授業の流れ（おもな発問）

・めあての確認
・音読

1 **誰が出て来ましたか。**

☆おじいさん
☆話者（語り手）

2 **おじいさんはどんな願いを持っていますか。**

★「あまいおおきなかぶになれ。」と対北

あまい　あまい　かぶになれ。
おおきな　おおきな　かぶになれ。

ねがい

じゅんじょ

①あまくて　おおきい
②おおきくて　あまい

たべものの　ねうち
・おいしい
・えいようがある
・たべたい

本時の「ねらい」を、子どもたちに分かる言葉で「めあて」として提示すると、子どもたちにも今日の学習の方向性が分かるよ。

三

☆すごくあまい感じ
★「おおきなおおきなあまいあまい」と対比
★食べ物の値打ちを考える。

3

どんなかぶに育ちましたか。

★食べ物として値打ちのあるかぶに注目
☆おいしいかぶ
☆おじいさんの願いと同じ

4

値打ちのあるかぶを育てたおじいさんをどう思いますか。
（異化体験）

食べ物としての値打ちがあるからこそ、みんなで抜く価値があるんだね。ここがとっても大事！

三

たしかめよみ　二場面

（3時間目）（おじいさんは、かぶをぬこうとしました〜）

ねらい

▼かぶを引っ張っているおじいさんに共体験し、変化・発展するかぶのイメージをとらえさせる。

ロシアみんわ
やくしゃ　さいごうたけひこ
おおきなかぶ

2ばめん

めあて　どんなかぶかな

おじいさん　「うんとこしょ、どっこいしょ。」

授業の流れ（おもな発問）

・めあての確認
・音読

1　どんなおじいさんですか。

☆力を入れてる
☆やる気がいっぱい

2　そんなおじいさんを見て読者のみんなはどう思いますか。（異化体験）

☆がんばって
☆もう少し

①かぶは　ぬけるとおもいました。（できる）

②かぶは　ぬけないとおもいました。（できない）

⇐　はんたい

けれども、（でも）（できない）

かぶは　ぬけません。

ぬけない

かぶのイメージが　おおきくなる

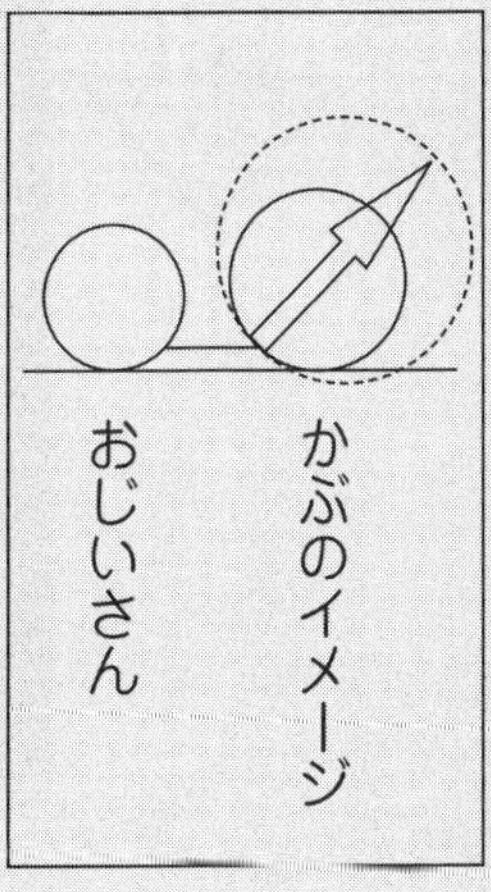
かぶのイメージ
おじいさん

3 **〈けれども〉というつなぎ言葉から、話者はどう思っていますか。**

★「抜けると思いました。」〈けれども〉かな。
「抜けないと思いました。」〈けれども〉かな。

★かぶのイメージがさらに大きくなることに注目

4 **おじいさんが力一杯ひっぱってもぬけなかったかぶは一場面と比べてどんなイメージですか。**

かぶの大きさそのものは変わっていないけれど、抜けないとなると「本当に大きいな」と感じるよね。

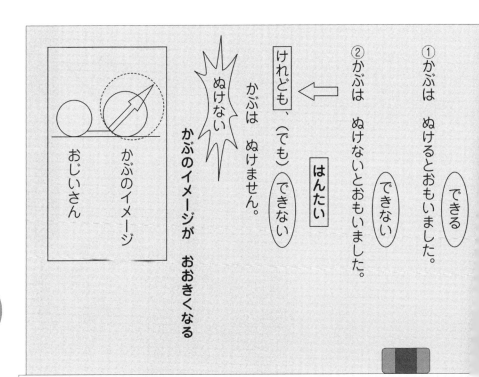

たしかめよみ　三場面

（4時間目）（おじいさんは、おばあさんをよんできました〜）

ねらい

▼「仲間を誘う」「助けに応じる」「力を合わせる」ことで、力が大きくなることに気づかせる。

おおきなかぶ　ロシアみんわ

やくしゃ　さいごうたけひこ

3ばめん

めあて　どんなかぶかな

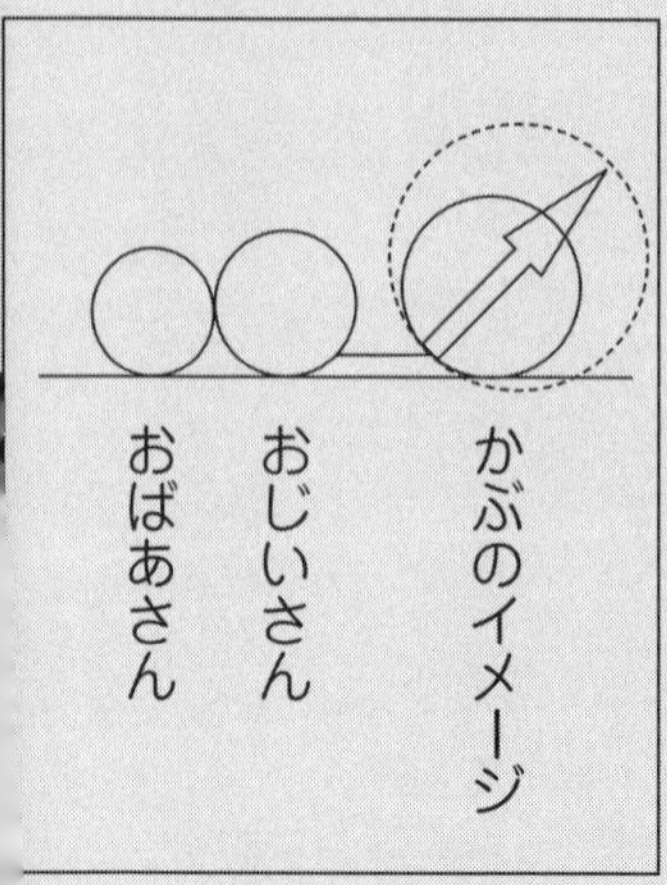

授業の流れ（おもな発問）

・めあての確認

・音読

1

おじいさんはなぜおばあさんを呼んだのでしょう。（理由）

★値打ちのあるかぶという条件だからこその行為

★自分よりも弱い力の者でも助けを呼びたい

☆力が足りないから

2

何がくり返されていますか。

☆力いっぱいがんばる

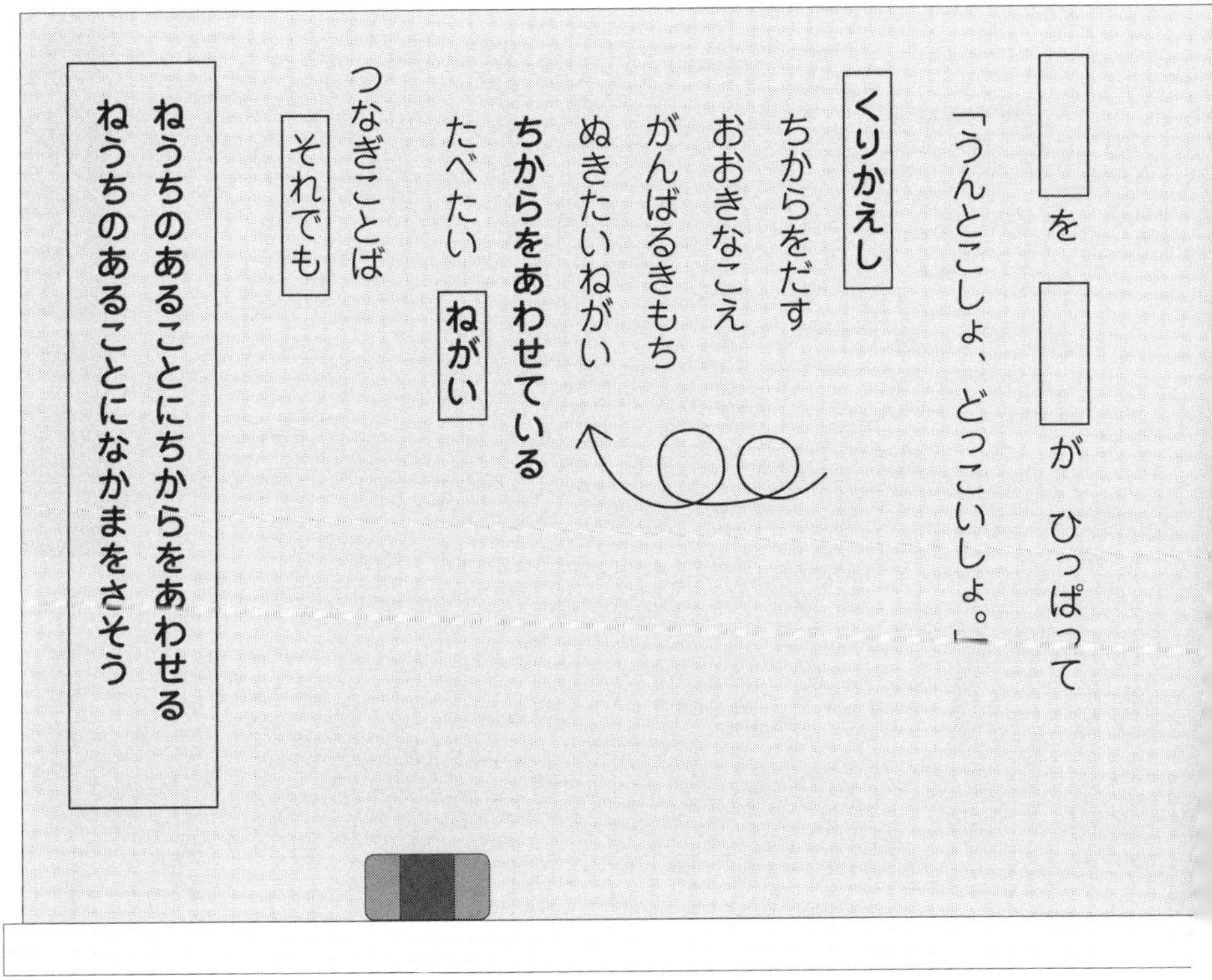

□を□が　ひっぱって
「うんとこしょ、どっこいしょ。」
くりかえし
ちからをだす
おおきなこえ
がんばるきもち
ぬきたいねがい
ちからをあわせている
たべたい　ねがい
つなぎことば
それでも
ねうちのあることにちからをあわせる
ねうちのあることになかまをさそう

3 **〈それでも〉というつなぎ言葉から、話者はどう思っていたでしょう。**

4 **〈それでも〉からかぶはどんなイメージになりましたか。**

★かぶのイメージがさらに大きくなることに注目

かけ声を音読したり動作化をすると、イメージがつかみやすいよ！
くり返しの中でも、少しずつ変化・発展している部分があるね！

たしかめよみ　四場面　（5時間目）（おばあさんは、まごをよんできました〜）

ねらい

▼かぶを引っ張っている人物たちに共体験し、変化・発展するかぶのイメージをとらえさせる。

おおきなかぶ　ロシアみんわ
やくしゃ　さいごうたけひこ

4ばめん

めあて　どんなかぶかな

かぶのイメージ
おじいさん
おばあさん
まご

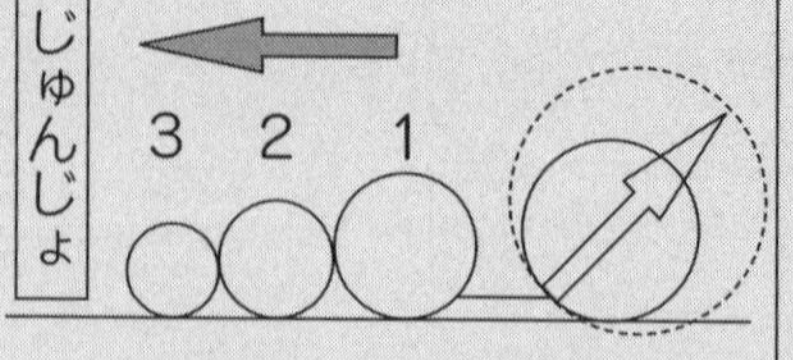

にんずうがふえている
きょうりょくしている
はやくぬきたい
はやくたべたい
こえがおおきくなる
がんばっている
ちからをあわせると
ちからがおおきくなる

授業の流れ（おもな発問）

・めあての確認
・音読

1　おばあさんはなぜまごを呼んだのでしょう。

★値打ちのあるかぶ（条件）
だからこそに注目
★自分よりも弱い力の者でも助けを呼びたい

2　何がくり返されていますか。

☆力いっぱい引っ張る
☆抜きたい願い

ちからがよわく
ちいさく

こころをひとつに

ねがい

2ばめん おじいさん
「うんとこしょ、どっこいしょ。」

3ばめん おじいさん
「うんとこしょ、どっこいしょ。」

4ばめん おじいさん
「うんとこしょ、どっこいしょ。」

ひとりずつふえて
だんだおおきなこえ

くりかえし ひっぱる
ぬけない

ぜんぶおおきく

わしゃ

やっぱり かぶは ぬけません

3 〈やっぱり〉というつなぎ言葉から、話者はどう思っていますか。

4 〈やっぱり〉からかぶはどんなイメージになりましたか。

5 そんな人物たちを見て読者のみんなはどう思いますか。（異化体験）

☆もう少しだよ
☆あきらめないで

「うんとこしょ、どっこいしょ。」の言葉は同じでも、だんだん人数も増えて、みんなの気持ちが一つになってきているね！
順序も見てみると、変化・発展している部分に気づくよ！

たしかめよみ 五・六場面

（6・7時間目）（いぬは、ねこをよんできました〜）

ねらい

▼異類のものをも仲間に誘う人物たちの願いの大きさをとらえさせる。

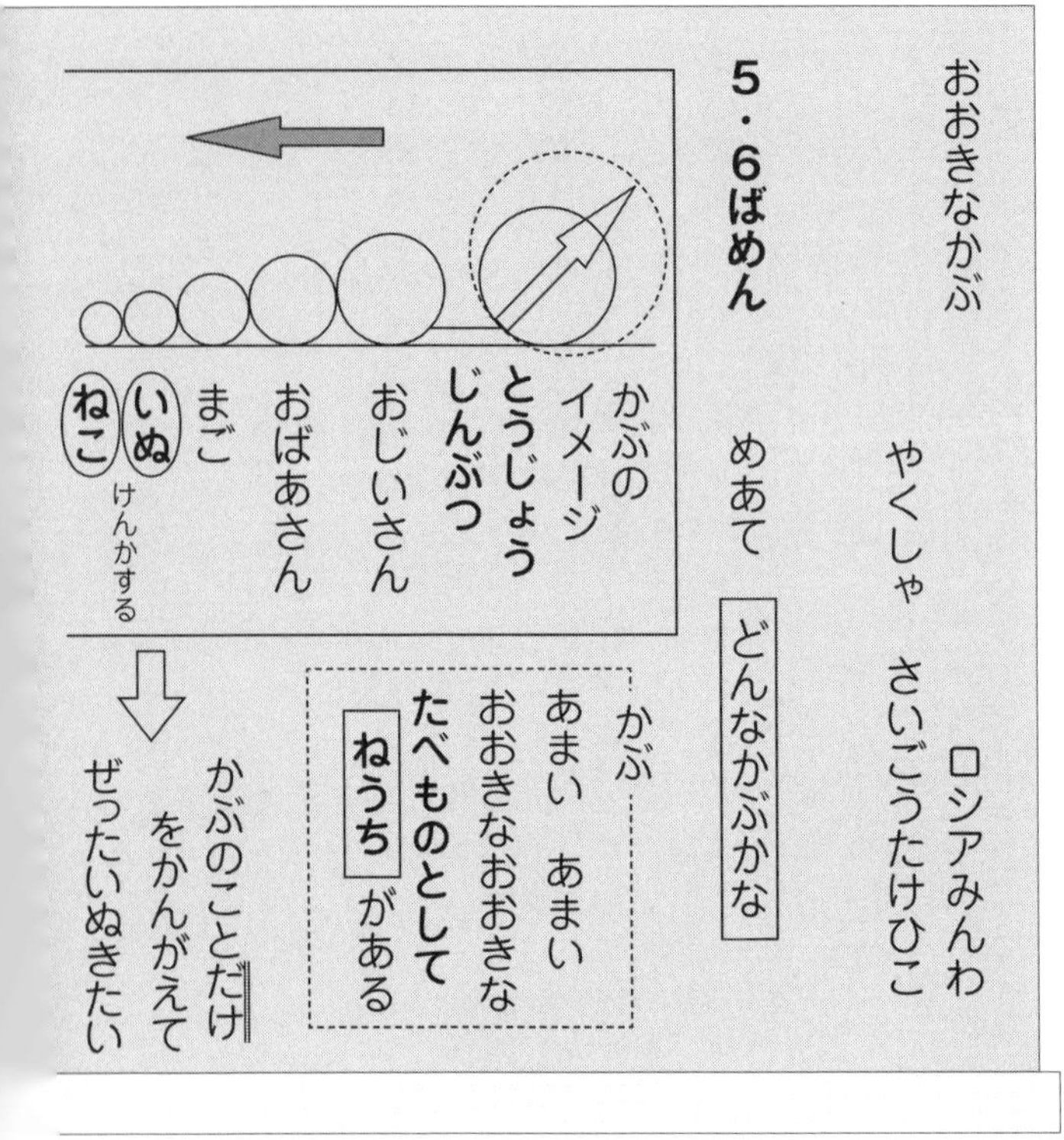
ロシアみんわ
やくしゃ　さいごうたけひこ
おおきなかぶ
めあて
どんなかぶかな
5・6ばめん
かぶ
あまい　あまい
おおきなおおきな
たべものとして
ねうち
がある
かぶの
イメージ
とうじょう
じんぶつ
おじいさん
おばあさん
まご
いぬ
ねこ
けんかする
かぶのことだけ
をかんがえて
ぜったいぬきたい

授業の流れ（おもな発問）

・めあての確認
・音読

1 **仲間に加わる人物の力はどうなっていますか。**

2 **なぜいぬやねこ（異類のもの）を呼んだのでしょう。（理由）**

★値打ちのあるかぶ（条件）だからこそに注目

★自分よりも弱い力の者でも助けを呼びたい

3 **6場面と2場面の「うんとこ**

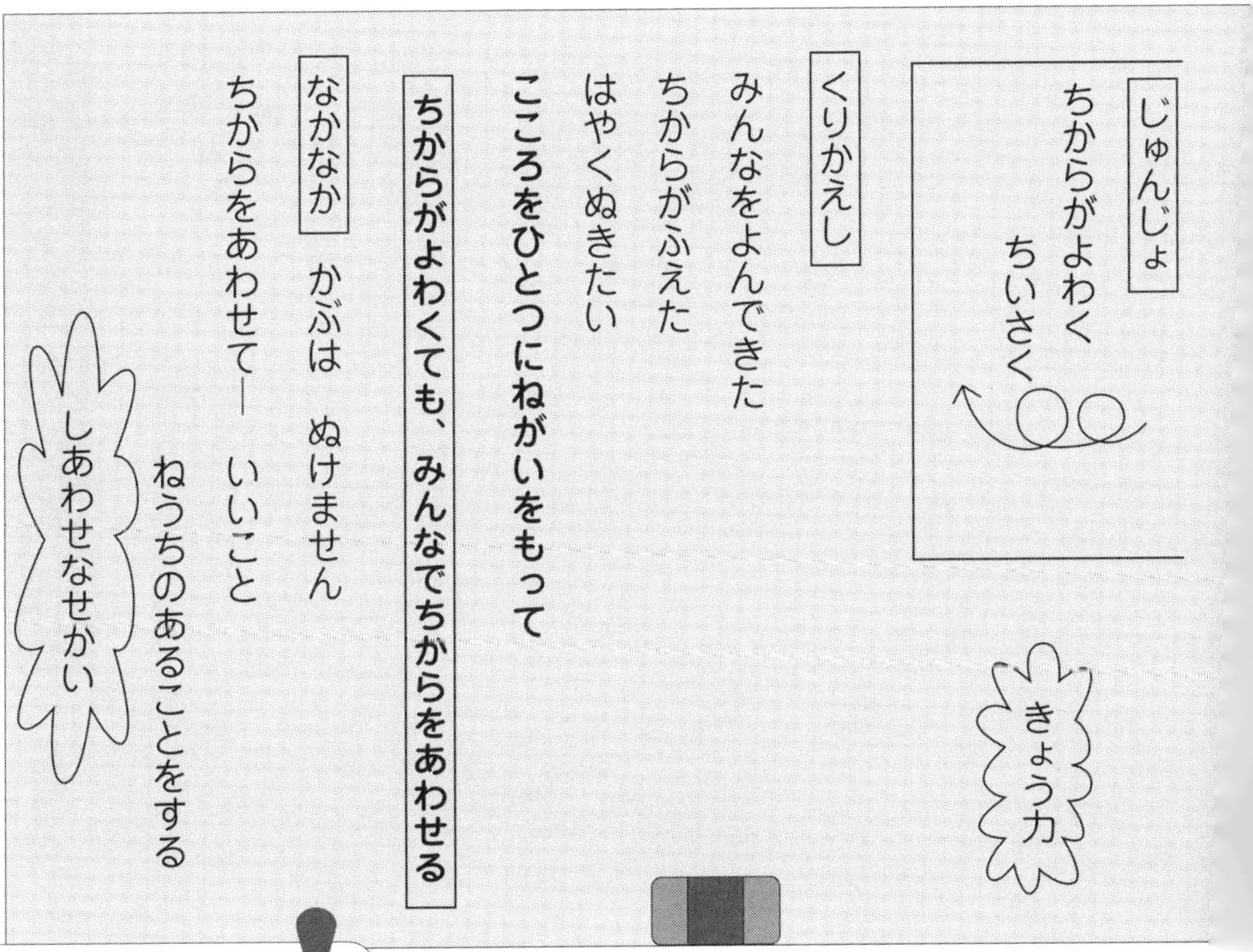

じゅんじょ
ちからがよわく
ちいさく
きょう力
くりかえし
みんなをよんできた
ちからがふえた
はやくぬきたい
こころをひとつにねがいをもって
ちからがよわくても、みんなでちからをあわせる
なかなか　かぶは　ぬけません
ちからをあわせてー　いいこと
ねうちのあることをする
しあわせなせかい

比べましょう。（対比）

☆引っ張る人数、力は…

☆願いは……

4 **そんな人物たちを見て、読者のみんなはどう思いますか。（異化体験）**

5 **〈まだまだ〉〈なかなか〉というつなぎ言葉から、話者はどう思っていますか。**

6 **〈まだまだ〉〈なかなか〉から、かぶはどんなイメージになりましたか。**

ねこはいぬに協力したわけではないんだね。値打ちのある行為に力を貸したんだね！
力を合わせていいことをするから、幸せな世界になるんだね。もし、力を合わせてみんなで良くないことをしたら…！

たしかめよみ 七・八場面

（8時間目）（ねこは、ねずみをよんできました～）

ねらい

▼かぶのイメージとひびき合わせることで、小さなねずみの大きな役割を共体験する。

おおきなかぶ　ロシアみんわ

やくしゃ　さいごうたけひこ

7・8ばめん

めあて　どんなかぶかな

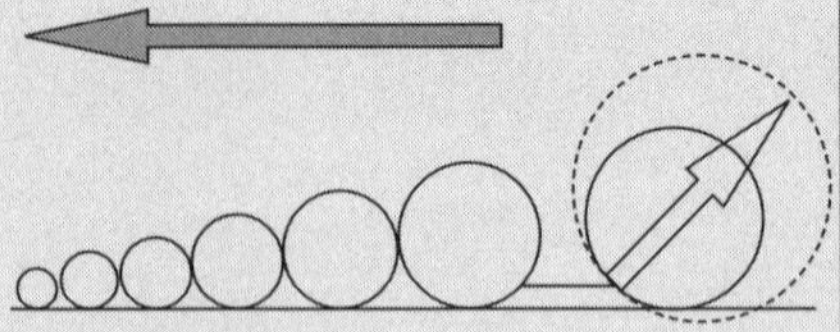

かぶの
イメージ

おじいさん

おばあさん

まご

いぬ

ねこ

ねずみ

くりかえし

ひっぱる

ぬけそう

いっしょうけんめい

いっしょに

ちからをあわせて

いろんな

じんぶつをよぶ

授業の流れ（おもな発問）

・めあての確認

・音読

1

ねずみはどんなイメージですか。

★順序を見ると…

★おじいさんの力と対比して

2

何がくり返されていますか。

☆引っ張る力がだんだん…

☆願いは

じゅんじょ

ねがい

とうとう　かぶは　ぬけました

ねうちのあることに　なかまをさそう
ちからをあわせる

今までずっと頑張ってきた人物たちを見ているから、一緒に応援したくなるね。

かぶの大きさのイメージと、ねずみの力のイメージを比べると、とても抜けるとは思えなかったね！

3 **そんな人物を見て、読者のみんなはどう思います。（異化体験）**

☆ねずみでは無理だよ！
☆あと少しだからね！

5 **〈とうとう〉かぶが抜けた時、ねずみの力はどんなイメージになりますか。**

★もしねずみがいなければ（仮定）
☆ねずみはすごいね！

まとめよみ（9時間目）

ねらい

▼価値あることに力を合わせることに連帯の意味があることに気づかせる。
▼どんな小さな力でも仲間に入れることに意味があるという《認識の内容》に迫らせる。

おおきなかぶ　　ロシアみんわ
やくしゃ　さいごうたけひこ

めあて　どんなかぶかな

おじいさん、おばあさん、まご、いぬ、ねこ、**ねずみ**

ねうちのあることに　なかまをさそう
ちからをあわせる

授業の流れ（おもな発問）

・めあての確認
・音読

1 **2から7場面を類比してみましょう。**

2 **なぜ仲間を誘ったり、仲間に入って力を合わせたりするのでしょう。**

★もし大きいけれど、まずいかぶだったら（仮定）

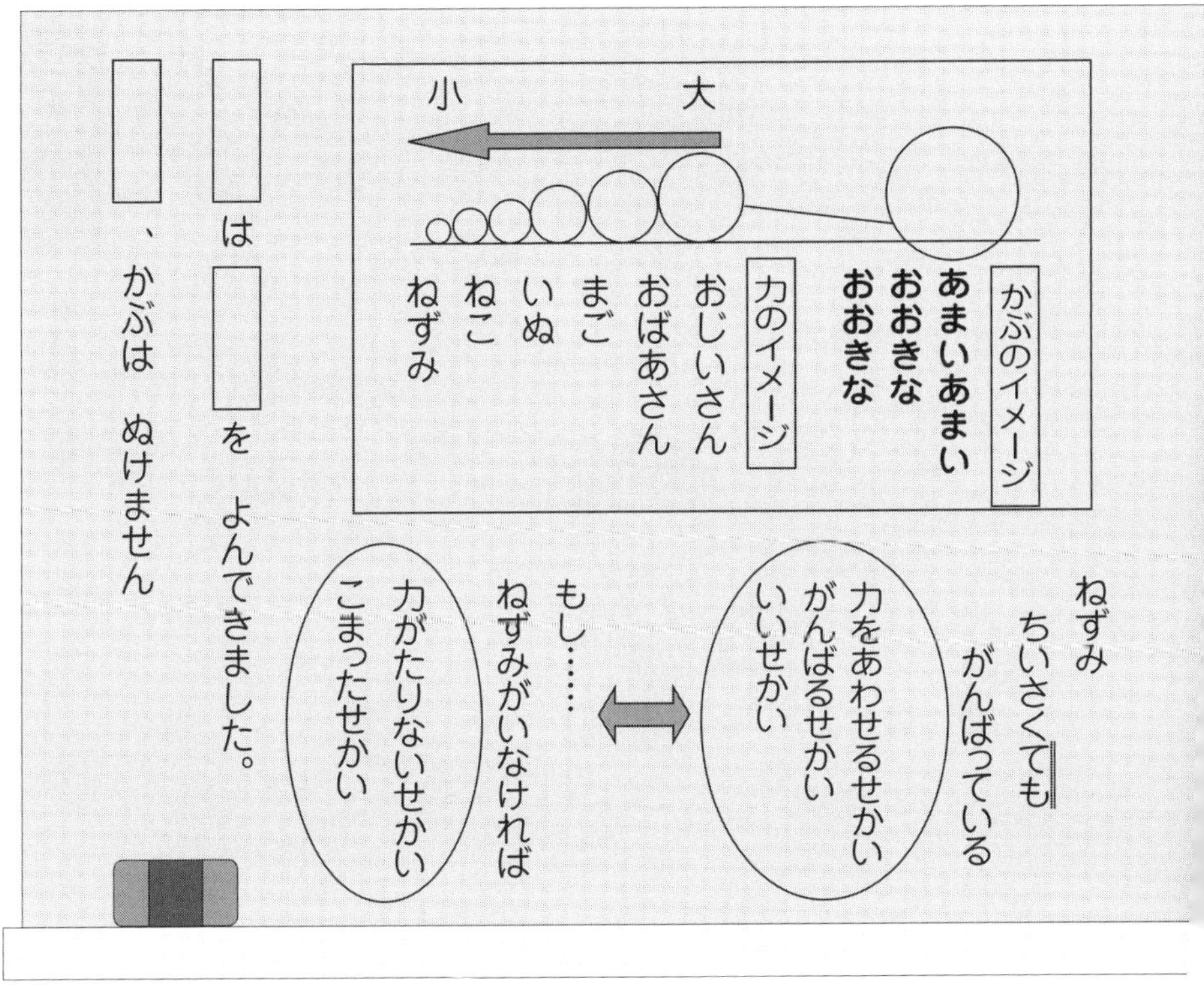

3 **もし登場する人物の順序が逆だったらどうでしょう。**

★かぶのイメージに注目

★ねずみの力のイメージに注目

4 **どんな人をも仲間に入れたから、願いが叶ったり楽しかったりしたことはありますか。（典型化）**

☆運動会では…

まとめ（9時間目）

ねらい

▼これまでの学習をふり返り、たとえば次の観点で〈おわりの感想〉を書いたり、人物に手紙を書く。

①考えが深まったこと。
②作品と自分をつなげて考え続けたこと。
③ものの見方・考え方、書き表し方でわかったこと。

感想の交流をする

四

授業の実際

※《だんどり》（1時間目）は省略

たしかめよみ　一場面　（2時間目）

ねらい

▼おじいさんの願いや、順序を見ることで、食べ物としての値打ちのあるかぶのイメージをとらえさせる。

プロセス

始めに、「おおきなかぶ」と「ちいさなかぶ」をくらべ読みして題名読みをしたり、ロシア民話だという紹介をしました。その後、はじめの感想を紹介しました。

（はじめの感想）

●なかなかぬけなかったかぶ

なぜおじいさんのねがいがかなったかというと　おじいさんがあまいかぶになれ　大きなかぶになれといっていたからだよ。おじいさん一人でもかぶはぬけなかったし　おじいさんとおばあさん二人でもぬけなかったし　まごをよんで三人でもぬけないし　まごが犬をよんで四人でもぬけないし　犬がねこをよんで　もう五人なのにぬけないし　ねこがねずみをよんで六人でやっとぬけたよ。でもなぜねずみとねこはなかよしじゃないのに　けんかをしなかったのかな。

（可憐）

プロセス

今日の学習のめあてを確認してから、訳者、話者、読者、人物をみていきました。

T1　では、おじいさんの言ったところ、〈会話を音読〉何か気づいたことがある人はいますか。

優輝　くり返されてる。〈あまいあまい〉と〈おおきなおおきな〉がくり返されてる。「あまい」やったら、ちょっとしか甘くないと思うけど、〈あまいあまい〉やったら、すごく甘そうに思う。「おおきな」やったら、普通のかぶやけど、〈おおきなおおきな〉って言ったら、おっき～いかぶ。

迅　〈あまいあまいかぶになれ〉だったら、「あまいあまい大きな大きなかぶになってくれ。」っていう感じで、おじいさんは大きなかぶにお願いを言っている感じ。願いを込めて作る。

春哉　「おおきな」が一回やったら、普通の大きさなので、二回繰り返したら二倍の大きさ。甘いのも二倍。

T2　〈あまいあまい〉や〈おおきなおおきな〉みたいなのを重ね言葉と言うよ。
では、おじいさんの願いは何だろうね。

智貴　何で大きなかぶの種を植えたかというと、甘くて大きいかぶが食べたいから。

T3　では、これはどう？

【板書】

①あまくて　おおきいかぶ
②おおきくて　あまいかぶ

春哉　(二つは)違う。「甘くて大きい」やったら、甘い方が多いと思う。「大きくて甘い」やったら、大きい方が多いと思う。

優輝　「甘くて大きい」やったら、おじいさんが願ったのはすごく甘くて、大きいやけど、大きくて甘いやったら、おじいさんが願ったかぶは大きくて、甘いのがちょっと少なくなるから、「甘くて大きい」の方がいいと思います。

プロセス

その後、おじいさんの願いどおりのかぶに育ったことを押さえました。

T4　こんな食べ物の値打ちの分かるおじいさんのことを、みんなはどう思いますか。
信隆　値打ちの分かる人は、凄い。
玲菜　食べ物のことが分かるから、凄い。
夏希　がんばって育ててる。
春哉　女将さんみたい。『たぬきの糸車』の。仕事しているから。働いているみたいな感じ。

既習教材「たぬきの糸車」での学習を思い出しての発言です。ここでは描かれていませんが、おじいさんが労働した結果として、大きなかぶができたことに気づいています。

T5　今日は、どんなかぶかなというのをしました。おじいさんの願いどおり、〈あまいあまい〉〈おおきなおおきな〉かぶができたよ。これは食べ物としての値打ちやったね。明日はこのかぶをおじいさんが抜こうとするところをやります。

（一場面の感想）

●おじいさんのねがいが、よくわかったよ。さきに、いったほうが、いいんだね。おじいさんのねがいは、あまいあまい大きな大きな、ねがいだったよ。おじいさんは、こころのなかじゃなくてくちでいったから、ねがいがかなったとおもうよ。（玲奈）

既習の「ずうっと、ずっと、大すきだよ」で、思いを相手に伝えるには口に出して言うことが大切だということを学びました。そのことを受けての感想です。普段口数の少ない玲菜だからこそ、その大切さを感じているのでしょう。

たしかめよみ 二場面 （3時間目）

ねらい

▼かぶを引っ張っているおじいさんに共体験し、変化・発展するかぶのイメージをとらえさせる。

ポイント
はじめに一場面の感想を紹介し、めあてや登場する人物を確認しました。

T1　〈うんとこしょ、どっこいしょ〉の会話のところ、どんなふうに工夫して読んだか話してくれるかな。

来実　かぶが大きいから、力を入れて〈うんとこしょ、どっこいしょ〉って、やる気が出るように言った。

優香　抜こうとしてたけど抜けへんかったから、力いっぱい、心を込めて。

T2　前でやってくれる人はいますか。

【動作化】

春哉　工夫したところを教えてね。

優輝　〈どっこいしょ〉に力を入れた。

愛　斜めになって、足に力を入れて、体で引っ張ってるみたいな。

T3　力いっぱいにして、顔が赤くなっても、がんばってる。ずうっとやってる。

おじいさんになったつもりで、今の心の中の言葉言ってみてくれる。

ポイント
「おじいさんになったつもり」は《同化》です。おじいさんの言葉で言わせると、うまく考えられます。

可憐　かぶが抜けますように。

優菜　早く抜けてみんなで食べたい。

愛　一人で抜けるかな。

四

T4　こんなに一生懸命、抜きたい気持ちで抜いてて、抜けるなって思う？

迅　抜けないと思います。おじいさんは年がいったら、元気がなくなってしまうから。若い人だったら抜けるかも知れない。

奈央　私は抜けると思います。「抜きたい」っていう気持ちがあったら、抜けるかと思います。

T5　ここでは〈うんとこしょ、どっこいしょ〉いいけれどもかぶは〈ぬけません〉なんだよね。じゃあ。これを考えてね。どっちなんでしょうね。

【板書】

①かぶはぬけるとおもいました。
②かぶはぬけないとおもいました。
けれども　かぶはぬけません

智貴　①かぶはぬけると思いました。なぜかと言うと、「かぶは抜けないと思いました。」けれども「かぶは抜けません。」やったら、最初から抜けないと思ってて、「かぶはぬけると思いました。」だったら、最初はできると思ってたけど、次やってみたらできなかった。

T6　「けれども」って、どういう時使う言葉なんでしょうね。前のことと、後のことが同じ時に使うの？それとも違う時？

春哉　違う時。「けれども」は気持ちが違う時に言う。

可憐　「けれども」は、最初と最後は違うくて、「でも」みたいな感じ。

プロセス

その後、この語りが話者のものであることを確認して、おじいさんの力のイメージを表しました。

T7　〈うんとこしょ、どっこいしょ〉する前は、みんな抜けるかなと思ったよね。ところが大人のおじいさんが力いっぱい引っ張って、抜けなかったら、一場面と比べてかぶはどんなイメージになりますか。

迅　僕は、抜けないと聞いて「え、そんなに重たいんや。そんなに大きいんや」と思いました。

真結　〈おおきなかぶ〉って言ってたから、それは題名とつなげてみたら、〈おおきなかぶ〉っていう題名やから、「大きい」と思います。（一場面と比べて）もっと大きい。

ポイント

友達の言葉や、前時の学習の題名と結びつけて発言しています。こうすると読みが深まりますね！

プロセス

最後に「食べ物として値打ちのあるかぶ」だからこそ、抜きたくてがんばったことを確認しました。

たしかめよみ 三場面 （4時間目）

ねらい

▼「仲間を誘う」「助けに応じる」「力を合わせる」ことで、力が大きくなることに気づかせる。

プロセス

はじめに二場面の感想の紹介、めあて、人物の確認をしました。

T1　おじいさんは、何でおばあさんを呼んできたんでしょうね。

真結　かぶがすごく大きかったから、おじいさんの力じゃ足りへんから。

秀人　おじいさんが一生懸命の力を出しても、抜けないから。

未空斗　おじいさんがかぶを引っ張っても抜かれへ

んし、食べたいからおばあさんを呼んだ。

T2　では、図を書きますね。

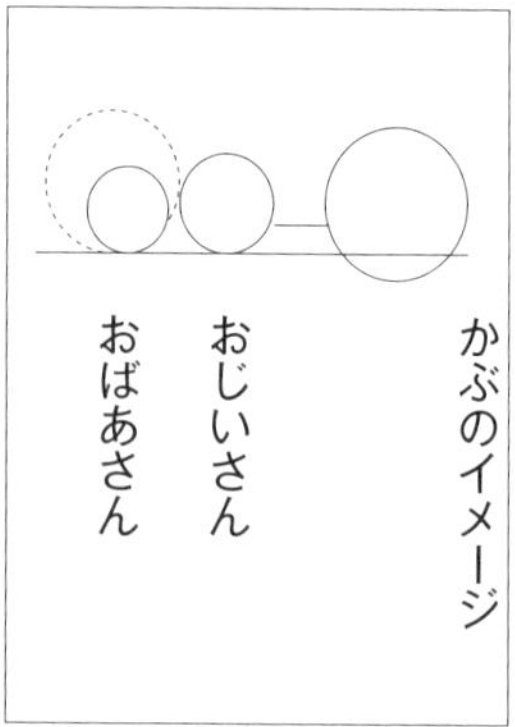

祥樹　おじいさんは、前からかぶを抜いたことがあるけれども、おばあさんはかぶを抜いたことがないから、おばあさんは小さい。

真結　おじいさんは男の人やから体力が強いと思うから、おばあさんの体力は女の人やから、ちょっとだけ小さい。

T3　ちょっとおばあさんの方が力が弱いのに、何でおばあさんを呼んできたんですか。

優菜　おばあさんの方が体力はないけど、かぶが大きいから、おじいさんはかぶより小さくて、抜かれへんから、それで、でもおばあさんが来たら、ちょっとだけ強くなる。

智貴　まだちょっと力が足りないから、ちょっとでも力が増えたら、かぶは抜けるかも知れないから。

T4　おじいさんが、今抜こうとしているのは〈あまいあまい、おおきなおおきなかぶ〉やったね。食べ物として値打ちのあるかぶだからこそ、手伝ってほしいなって思うよね。値打ちのあることだからこそ、仲間に誘う、力を合わせる、そういうおじいさんとおばあさんなんですよね。【板書】

［　　］を［　　］が　ひっぱって

くり返しを考えました。

T5　では二場面と三場面を対比します。

（〈うんとこしょ～。〉音読）

智貴　二場面は、おじいさんが、一人だからちょっとちっちゃい声だけど、おばあさんと二人になったら、ちょっと大きくなる。

可憐　力があるし、声が大きくなったりして、何かがんばろうっていう気持ちが湧いてくるような。

優香　大きなかぶを抜いて食べたいとおじいさんとおばあさんが思ってる。

T6　ここではおじいさんもおばあさんも「食べたいよ。」っていう願いが同じやね。

プロセス

〈それでも〉のつなぎ言葉から大きくなるかぶのイメージを押さえました。

ポイント

「かぶが成長する」ととらえる子もいるので、あくまでも「かぶのイメージ」が大きくなるというのが大事！

（三場面の感想）

●大きかったかぶは、おじいさんがどんなに力いっぱいぬこうとしてもぬけなかったよ。うんとこしょどっこいしょといっていたところで、こころの中でがんばってねっておうえんしたよ。ぬけますようにってかれんがおもったし　おじいさんもぬけますようにっておもっていたとおもうよ。おじいさんは一人でかぶをぬけなかったから　おじいさんより大きいんだなっておもいました。きょうべんきょうしたことは　けれどもです。けれどもはでもだし　それでもということとおんなじです。

（可憐）

ポイント

「がんばってね」はおじいさんを外から見ている異化体験です。

四

たしかめよみ 四場面（5時間目）

四

ねらい

▼かぶを引っ張っている人物たちに共体験し、変化・発展するかぶのイメージをとらえさせる。

T1　三場面までをまとめてください。

秀人　二場面ではおじいさんが出てきて、三場面ではおばあさんが出てきて、おじいさんとおばあさんが一緒にかぶを抜いたところ。〈うんとこしょ、どっこいしょ〉とか〈かぶがぬけません〉（が繰り返し）。

プロセス

つながりを大切にするために、教室掲示を見ながら前時までを自分の言葉でまとめています。その後、感想の紹介、めあてや登場する人物の確認、音読をしました。

T2　何でまごを呼んできたのかな。

大貴　今度こそ三人で協力して抜けるかなって思って、まごを呼んできた。

祥樹　かぶを食べたい気持ちがあるから。まごの方がおじいさんとおばあさんより力が弱いけれど、ちょっとでも力が強くなりたいから。

T3　どれぐらいの力かやってみて。

【板書】何か気づいたことある？

優菜　出て来た人からだんだんちっちゃくなっていってるけど、でも力を合わせれば、力が大きくなる。

春哉　四場面はイメージが四つになってる。二場面ではおじいさんとかぶだけだったけど、三場面ではおじいさんとおばあさんとかぶ。だんだん人数とかが増えていってる。

大貴　全員で心を一つにして、力を大きくして、かぶより大きくなるかなって。

T4　そういうの何て言うの。

秀人　願い。

四

T５　心を一つに願いがくり返されていますね。力がだんだん弱くなってる順序だよ、だけど力を合わせると大きくなってがんばっていることがくり返されているんだね。

プロセス

二場面～四場面のかけ声を音読し、声の大きさに合わせて板書しました。

桜　最初は小さくて、次は大きくなって、四場面はもっと大きくなった。

智貴　だんだん声が大きくなるから、ハッピー♪って、だんだん大きくなるのと一緒で、最後は〈うんとこしょ、どっこいしょ〉って、もっと大きい。字も、声も。

ポイント

六年生のお別れ集会の歌では、くり返されるハッピーの三回の歌詞をクレッシェンドで盛り上げました。経験とひびき合わせて考えています。

T６　おじいさんたちになって書いてみて下さい。【ワークシート記入】

優羽　おばあさん「早くかぶを取って、みんなで食べたいな。」
おじいさん「早く抜けてほしいから、がんばろう。」

美優　おじいさん「早くかぶを抜きたいな。大きいな。だっていっぱい食べれるね。力いっぱい出すぞ。」
おばあさん「早く大きくなったね。食べたいな。大きいな。力をいっぱい出すね。」

プロセス

四場面までのくり返し、〈やっぱり〉のつなぎ言葉、今日のかぶのイメージをとらえました。

T７　三人に言ってあげたいことは。

零美　すごいね。かぶは抜けないけど、でもおじいさんとおばあさんとまごがいれば抜けるよ。

智　もっと力を出して！

優香　早く抜いて。頑張って欲しいな。

T8　今日は、力の弱い人物が登場してくるけれども、みんなの力を合わせると、心が一つに、願いも一つになってるよっていうことをしました。そして、やっぱりかぶは抜けないほどに、大きなかぶのイメージがしたね。

ポイント

T6は、同化体験をうながすてだてです。T7は、異化体験をうながす発問です。最後に板書を見ながら今日の学習をまとめます。それから感想を書くと、しっかり思い出すことができます

たしかめよみ　五場面（6時間目）

ねらい

▼異類のものをも仲間に誘う人物たちの願いの大きさをとらえさせる。

（かぶ、人物の力のイメージの図を見ながら）

T1　いぬ、ちょっとやってみて。

C　（片手で小さく示している。）

祥樹　おじいさんからおばあさん、まご、いぬってどんどん背も小さくなるし、力も小さくなっていく。

T2　順序に気をつけたんやね。いいよ。

可憐　どんどん力が弱くなっていっていて、それで何か階段みたいな力。

T3　このいぬは「人物」かな。

大一　みんなと一緒にかぶを抜こうとしたり、願いを持ってたりしてるから人物と思いま

す。

春哉　人物だと思います。前にべんきょうした「はなのみち」のくまさんも人物だから。

T4　人間みたいにお話ししたり、行動したりするから人物だったね。いぬも一緒に力を合わせて人間と同じように行動するから人物だね。
では会話のところ、〈うんとこしょ、どっこいしょ〉と言ってね。

ポイント
「犬なのに何で?」と物語りに入り込めない子がいます。「動物」ではなく「登場人物」なのだと押さえることが大事!

全員　〈うんとこしょ、どっこいしょ〉
（二場面からだんだん大きくなる）

T5　どんなふうに読みましたか。

プロセス
ここでくり返しや変化・発展を押さえました。また、なぜいぬを呼んだか、かぶのイメージ、話者のつなぎ言葉について考えました。

T6　人物たちに、何て言ってあげる?

優菜　絶対にがんばって、抜けるから諦めないで、おじいさんとおばあさんの願いをかなえて。

真結　心を一つにしてできるよ。だからがんばれ。いっぱい人とかが手伝ってくれたらきっとできるから。

T7　人間ではない〈いぬ〉も呼んだんだけれども抜けないくらい、大きな大きなかぶのイメージでした。くり返されていることは、心を一つに抜きたいよという願いを持っていること、人物一人の力は弱くなるけど、人数はどんどん増えていること。大事なことは力が弱くても、みんなで力を合わせることだよね。

《五場面感想》

●おじいさんでもおばあさんでも　まごでもいぬでもぬけないかぶだから、目の前でみるとすごくすごく大きいとおもうよ。くりかえしは、こころを一つにすることとねがいをもってすることです。なんでいぬをよんできたかというと、力はよわいけど、みんなできょうりょくするからです。いぬはじんぶつです。

（夕貴）

●いぬはちょっとしか力がないけどかならずやくにたつよ。だってなかまがふえたんだからだよ。いぬがふえたって、ちからを一つにすればおじいさんのゆめもかなうよ。

（照人）

ポイント

学習の最後に、板書をみんなで声に出して読んでいます。そうすると大事なことが頭に残りやすい！

たしかめよみ　六場面（7時間目）

ねらい
▼異類のものをも仲間に誘う人物たちの願いの大きさをとらえさせる。

プロセス
前時までをふり返り、今日のめあて、人物を確認しました。

T1　右手でいぬ、左手でねこをやってみて。ねこはどんなイメージかな。

優香　ねこといぬの背やったら、ねこはちっちゃくて、いぬは大きいと思います。

迅　いぬはねことけんかするけど、ここのいぬはけんかをしないで、今、かぶのことだけを必死にやってる。

T2　いぬとねこの関係を言ってくれたね。じゃあどうしてねこは、ここで協力してくれたんやろうね。

可憐　〈あまいあまい、おおきなおおきなかぶ〉だから、大きすぎておじいさんとおばあさんとまごといぬの力だったら抜けないし、なかなか食べられないから。

T3　かぶは、食べ物として値打ちがあるよっていうことを言ってくれたね。だから手伝うんだね。

プロセス
抜きたい願いや力いっぱい引っ張っていること（くり返し）や、つなぎ言葉の確認をして、《異化体験》で登場人物に声をかけました。

T4　みんなで力を合わせてるね。力を合わせるっていいことかな。

C　すごくいいこと。

T5　すごくいいこと？じゃあ、力を合わせて、誰かをいじめました。力を合わせて、何かを壊しました。

C　えー！　それは、ダメ！

四

秀人　力を合わせていいことをするには手伝うんだけど、力を合わせていじめるとかは悪いこと。かぶを抜くことは、みんなが一生懸命やって、手伝っているからいいこと。

T6　なぜかぶを抜くのはいいことなの。このかぶは、どんなかぶかな。

真結　大きい。大きくてあまい、あまいかぶやから、それはみんなで力を合わせないと抜けない。

琴奈　かぶを抜いたらみんなに食べされられて幸せな世界になる。かぶは大きくて大きくて、あまいあまいかぶやから、値打ちがあるから。

T7　このかぶは、あまくて大きくて食べ物として値打ちのあるかぶだったね。力を合わせて抜いたら幸せな世界になるんだね。値打ちのあることに仲間を誘う、値打ちのあることに力を合わせる、こういうことが大事だね。

四

プロセス

最後に今日のかぶのイメージを確認しました。

《六場面感想》

●じゅんじょは大から小、じゅんばんだよ。なにのじゅんばんかというと、力のつよさのじゅんばんだよ。いまのところのねがいは、もうちょっと（で抜ける）だよ。だけどむだなことや、いやなことに力をいっぱいつかったらだめだよ。なぜかというと、力がなくなったら、だいじなとき、力が出ないからだよ。だから力はだいじなときにつかうんだよ。

（信隆）

ポイント

●○●この頃のクラスの姿あれこれ●○●

挙手が多すぎて、授業中発言出来なかった子どもたちが、休み時間にも熱い議論を展開していました。給食のワゴン運びも、掃除時間も「うんとこしょ、どっこいしょ。」「まだまだ机はありますよ。」「やっと掃除は終わりました。」など重い物、まだまだ続くもの、みんなで力を合わせるとできるものとして、大きなかぶの世界と重ね合わせている姿が見られました。「うんとこしょ、どっこいしょ。」のかけ声は、みんなに元気とパワー、団結の決意を与えるようです。そして何よりとっても楽しい！三学期終了まで、大きなかぶを楽しむ姿が随所で見られました。

たしかめよみ　七・八場面（8時間目）

ねらい

▼かぶのイメージとひびき合わせることで、小さなねずみの大きな役割を共体験する。

プロセス

はじめに、前回までのまとめ、くり返し、人物、ねずみの力のイメージを確認しました。

T1　ねことねずみってどんな関係かな。

春哉　ねずみが、ねこに追いかけ回される。十二支でねずみがだましたから。ねずみを食べる時もある。

T2　そうやね。それやのに、ねずみが来てくれたんやね。

真結　ねずみは早く抜きたい願いを持っていたから、心を一つにして一生懸命、みんなでやったらできるから、お手伝いに来てくれたと思う。

T3　いろんな人を呼ぶ、値打ちのあることに仲間を誘う、力を合わせる。そんなねずみとねこなんです。

T4　もし、ねこがねずみを呼んでこなかったら。

秀人　まだかぶは抜けてないところだった。ねこは人を大事にして呼ぶ。

T5　みんなにかぶを抜いてもらうね。

【動作化】（ねずみが大人気！）

プロセス　「頭のテレビをカチッとつけて。」動作化の様子を言葉にしました。

T6　では、みんなねずみの力は？

C　（片手で小さな丸。「目玉ぐらい。」）

T7　大きなかぶのイメージは？

C　（立ったり、腕いっぱい拡げて。）

プロセス　人物に言ってあげたいこと（異化体験）を考えました。

T8　動作化でかぶを抜いた時、一番人気はねずみだったね。何でやりたかったか、お話ししてくれるかな。

谷雲　「かたつむり」の詩の最後のやつと同じで、ちっちゃくても、ちょっとでも力があればいいから。

可憐　ねずみを呼ばなかったら、こんなかぶは抜けなかったと思って、力が弱くても、みんなで力を合わせたらかぶは抜けるから、みんなにはねずみが人気やったと思います。

T9　もしねずみがいなかったら、どんな世界になったかな。

祥樹　抜けなくて、困ってた世界。ねずみがいたら、がんばれる力の世界。

秀人　力がまだ足りなくて、かぶが抜けてなくて困ってた世界。でもねこがねずみを呼んできてくれたから、力が増えて抜けてすごく

谷雲　いい世界。みんながんばって力を合わせた。ねずみはちぃちゃいけど、ねずみもみんなと一緒で抜きたいっていう気持ちがある。気持ちは、ちぃちゃければちぃちゃいほど大きい。

T10　どういうこと？

谷雲　自分が、小さければ小さいほど、おじいさんよりがんばろうと思う。

C　ああ！

優菜　ねずみは体が小さくても、願いは大きいと思います。

T11　小さいからって、願いも小さいわけじゃなくて、願いに向かってやるからこそ、願いが叶って、いい世界やがんばる世界になったね。
では、一場面から復習ね。

> □は、□をよんできました
> 「うんとこしょ、どっこいしょ 。」
> □、かぶはぬけません。

四

—では、もしこの順序が逆だったら。

> ねずみは、かぶを抜こうとしました。
> 「うんとこしょ、どっこいしょ。」
> けれども、かぶはぬけません。

C　そりゃあ、そうやろ。
（以下ねこ、いぬ……と、人物の登場順序を逆にして、読みました。）

祥樹　ねずみからおじいさんになるっていうのは、反対なんだけど、（全体の）力は同じで、願いも同じ。

> **ポイント**
> 全体の力は同じでも、出てくる順番では最後のイメージがとても頭に残りますね！

秀人　反対だと力が大きくなってきてる。

美優　ねずみからやると、かぶが一番大きいし、力がちょっと弱い。けどおじいさんやったら、おじいさんは力が強いからいっぱい抜ける。

T12　今、「おじいさんが来て、かぶが抜けました」では、びっくりしたかな。

迅　びっくりしてない。だっておじいさんは、毎日かぶを抜いて仕事をしているから、抜き方も分かるし、力も強いから、最後に来たら抜けるだろうなあって分かる。

秀人　ねずみが最後に来たら、力が弱いから抜けてびっくりして、おじいさんが最後に抜いても、おじいさんは体がでかくて力が凄く強いからびっくりはしない。

T13　最後におじいさんが来たら抜けて当然やね。「ねずみがんばったな」っていう気持ちになれた？

C　ううん。

T14　この順序で、あと少しという時にねずみが来てくれたから、良かったなっていう感じになるよね。この順序だから、小さなねずみでも値打ちのあることができて、みんなに感謝されることが分かるね。

《七・八場面感想》

●みんなちいさな力でも、ねがいがおおきかったら、しあわせなせかいになるとおもうよ。なぜかというと、ねずみはちょっとの力しかないけど、だれよりもがんばってぬくぞっていうねがいをもって、がんばってぬこうとしているとおもいます。（大二）

●ねずみは、小さくてもばかにしたらいけないよ。なぜかというと、小さくてもがんばっているから、かたつむりの⑦⑧とおなじだよ。力のイメージが小さくなってるのに、大きくならないのにぬけるのは、すごいよ。ねがいは、ねずみもぜんいん大きいよ。（春哉）

ポイント

ビニール袋と新聞紙で大きなかぶを作成しました。みんなで持ってみたり、休み時間には大きなかぶごっこをして遊ぶ姿が見られました。授業中できなかった部分を、役を交代して、満足するまで取り組めました。

ポイント

授業はきっかけを与える機会です。次の授業までの間に、どれだけ心を揺さぶられ、自分の生活に関わらせているかが大切だと感じています。

ポイント

【参考】「かたつむり」
リュー・ユイ作／出沢万紀人訳

七連　かたつむり／のろいなあ
うごかないのとおんなじだ

八連　のろくったって／のろくったって
とまらなけりゃいいんだよ

四

まとめよみ（9時間目）

ねらい

▼価値あることに力を合わせることに連帯の意味があることに気づかせる。

▼どんな小さな力でも仲間に入れることに意味があるという《認識の内容》に迫らせる。

T1	大事なことはどんなことでしたか。
谷雲	ねずみはちょっとの力でもかぶを抜けるか抜けないかぐらいで、かぶを引っ張ってくれたから、ねずみが大事やったと思います。
T2	ねずみが来てくれたから、どんな世界になりましたか。
真結	抜けて嬉しかったから、嬉しい世界になった。

大貴　すごくすごく大きな幸せをもった世界。
一美　かぶが抜けて夢が叶った世界。
T3　「おおきなかぶ」では、小さくても力を合わせることで、嬉しい、楽しい幸せな世界になったね。
では今度はみんなの世界。この小学校では、一年生から六年生までいますよね。みんなはこの中にたとえると、おじいさんかな？おばあさんかな？
C　ねずみ！
美優　一番ちっちゃいのがねずみで、この小学校の一年生だから、一番はじめだから、ねずみだと思います。
春哉　ぼくは、おおきなかぶもたとえます。おじいさんが六年生で、おばあさんが五年生で、まごが四年生で、三年生がいぬで、二年生がねこで、一年生がねずみで、大きなかぶがこの小学校のことだと思います。
C　おお～！すっげえ！（拍手喝采）
T4　その「おおきなかぶ」、この小学校で、みんなは小さくても力を合わせて、嬉しい世界や楽しい世界になったことを思い出してみて。
優菜　運動会の大玉転がし。六年生から一年生までみんなで協力したから。
里菜　大縄大会。六年生がいっぱい跳んでたから、一年生もがんばった。

児童会行事で、ペア学年合同で優勝を競います。

祥樹　六年生のお別れ集会。出し物をしたことが、みんなで力を合わせてるっていう意味。六年生が楽しくお別れができるように、悲しくならないように。
真結　私は音楽会だと思います。心を一つにして歌ったり、合奏したりして、心を一つにしていたからです。
秀人　僕は発表会だと思います。みんなでがんばって、お母さんたちが嬉しく、楽しく聞いてくれて、最後にお母さんたちが泣いて、成長したなって思えて、それでお母さんたちは楽しかって、みんなが一番がんばったと思う。

祥樹

最後の参観で「成長が見られるような発表をしよう。」と取り組みました。

モンキーブラザーズと、勉強。勉強で言えば、「おおきなかぶ」。「おおきなかぶ」はみんなで発言して、黒板全体に書いてしまったし、マイクも全部切れてしまった。

発言の多さに板書がいっぱいになったり、ICレコーダーの電池がなくなったり！

「おおきなかぶ」では、幸せや値打ちのあることに力を合わせるっていうことが分かったりする。力を合わせたり、いいことは人にやってあげる、手伝ってあげる意味が勉強して分かりました。

モンキーブラザーズでは、みんながすごく上手にジャングルジムを回れたから、それでモンキーブラザーズができた。

智貴

体育でジャングルジムに挑戦！「何かさるみたい。」「落ちたらワニがいるで！」「みんなでモンキーブラザーズや！」以降、みんなで難しいことに挑戦する時のキーワードとして、「モンキーブラザーズ」が度々登場していました。

マラソン大会でみんながちゃんと練習したから、智さんとか、優香さんも走りが速くなったから勝てて、嬉しい世界になれた。

①プール、ドッチボール大会、②掃除、水に浮かぶおもちゃ遊び、③ぴょんぴょんがえる大会、④虹の壁面作成などの意見が続きました。

四

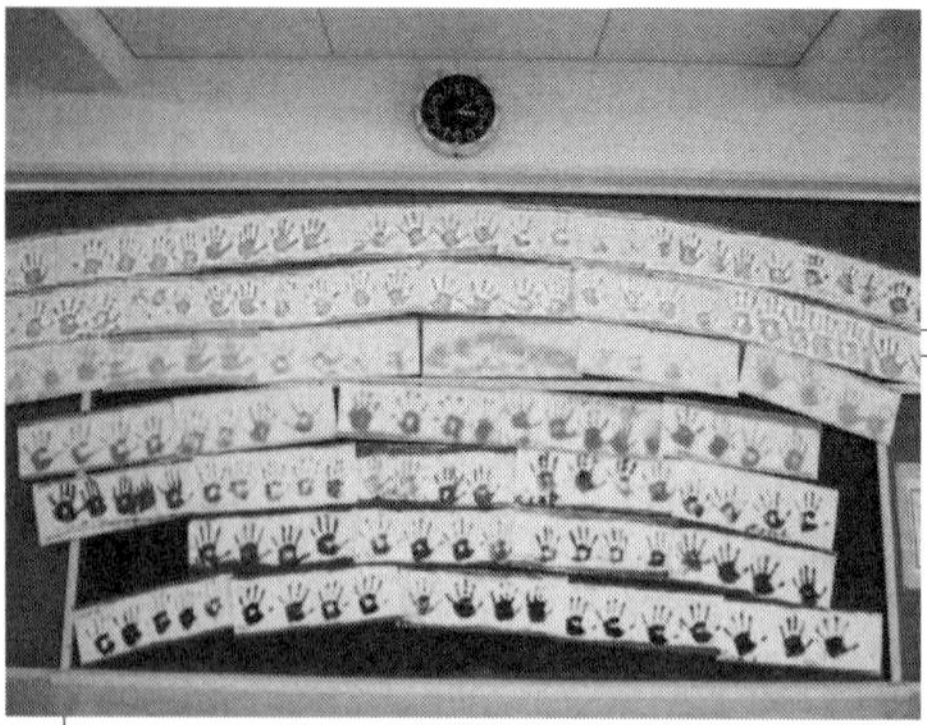

①5m泳げない子にみんなでコツを伝授したり、応援してくれていました。

②六年生との清掃交流で、「六年生が来るまでに掃除しよう!」と昼休み返上で取り組み、六年生が来た時には清掃を終えて、歓喜の「終了フラダンス」を踊って六年生を迎えていました。

③生活科の取り組みを利用して、遊び係が紅白対抗大会を行いました。

④最後の思い出作りに、遊び係の提案で全員の手形で七色の虹の壁面を作りました。校舎に描かれた虹は学校のシンボルで、子ども達はとても誇りに思っているのです。

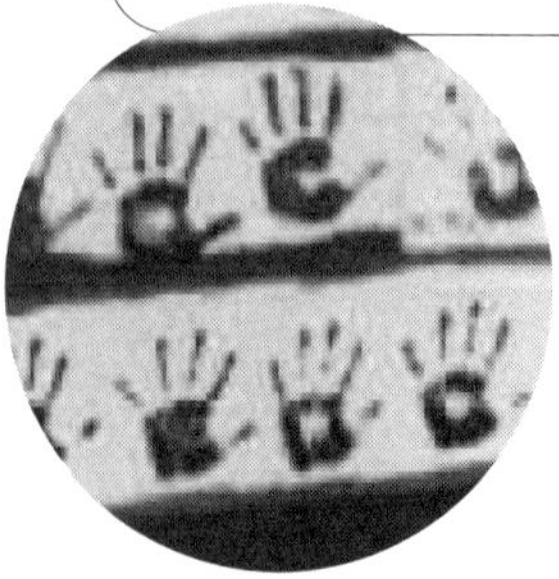

T5

ぴょんぴょんがえる大会だって、後ろの大きな虹だって、遊び係さんが「これ、しませんか。」って言って、みんなが「いいですよ。」って仲間になって、みんなで力を合わせたからこそできたんだよね。運動会や大縄大会、音楽会みたいな学校全体の行事、発表会や「おおきなかぶ」みたいな勉強、そしてお掃除やぴょんぴょんがえる大会なども全部、小さくても、一年生でも願いをもって力を合わせたからこそ、楽しい世界にすることができたね。それが「おおきなかぶ」でお勉強できて、先生はとっても嬉しかったです。

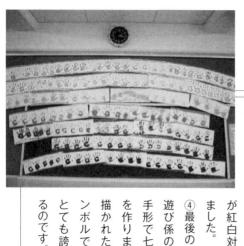

【板書】

小さくても　力を合わせて

みんながいっぱい

・うんどう会
・おんがく会
・大なわ大会
・おわかれしゅう会
・ドッジボール大会
・マラソン大会
・はっぴょう会
・ぴょんぴょんかえる大会
・モンキーブラザーズ
・おおきなかぶ

うれしいせかい
たのしいせかい
しあわせなせかい
ゆめがかなったせかい
いいせかい

《おわりの感想》

●①ドッジボール大会で、一人一人きょう力してたから、みんなみんながんばっていたよ。ぼくもがんばっていたよ。みんなみんないっぱいねがいがあったよ。

②さんかん日で、みんなでけん玉、ハーモニカ、えいご、なわとび、音どく、ブンブンごま、それをみんなで力をあわせてやって、ねがいはせいちょうを見せることだったよ。

③大なわ大会では、一年生は小さくて力がないけど、みんなみんな生きているからとべるよ。みんな力をあわせて小さくても小さくてもねがいがあるからとべるよ。

④モンキーブラザーズで、みんなみんな小さな小さな子どもだけど、ぜんいんのちからをあわせてジャングルジムをまわれたよ。ねがいはみんなでまわったりすることだったよ。（谷雲）

ポイント

「みんな　みんな」「ちいさなちいさな」と、この学習で学んだ重ね言葉を使っています。

四

●ぼくがいいたいのは、おみせやさんごっこと、はこでタワーをつくったことです。おみせやさんごっこでは、はんできょうりょくしたからできたとおもいました。それに、みんなのこともかんがえたこともだよ。はこでタワーをつくったときも、おみせやさんとにているよ。これもはんできょうりょくしたから、たかいたかいタワーがつくれたとおもいました。ずこうてんも、みんなで力をあわせたとおもいます。なぜかというと、みんなでつくりあげたものだからだよ。それに音がくかいも、みんなで力をあわせたとおもいます。なぜかというと、みんなでこころをあわせたから、きれいな音がでたとおもいました。さんかん日もみんなでいっぱいいっぱいれんしゅうしたから水よう日のほんばんのときにできたとおもいました。おわかれしゅうかいもおんなじとおもいます。なぜかというとみんなでれんしゅうしたからできたとおもいます。一年生でも、さんかん日のときも、おかあさん、おとうさんをなかせたり、かんどうさせれると、いうのが一年生の大きいゆめだとおもいました。いろいろなゆめはみんなで力をあわせたら、なんでもゆめがかなうよ。（優輝）

●①8ぱんのとき、はこでつむゲームのときのねがいは、一いになることで、せかいはうれしいせかいだったよ。

②さんかん日のときは、どきどきした。ねがいは、うちの人にたのしんでもらうことだった。

③モンキーブラザーズで、ねがいはぜんぶせいこうすることだよ。せかいはぜんぶせいこうできていいせかいで、うれしいせかいだよ。小さくても力をあわせてがんばったらぜったいいいことがかえってくるしきもちよくなるよ。だからなんでも、力がよわくたって、みんなで力をあわせてみんなできょう力するといいんだね。（可憐）

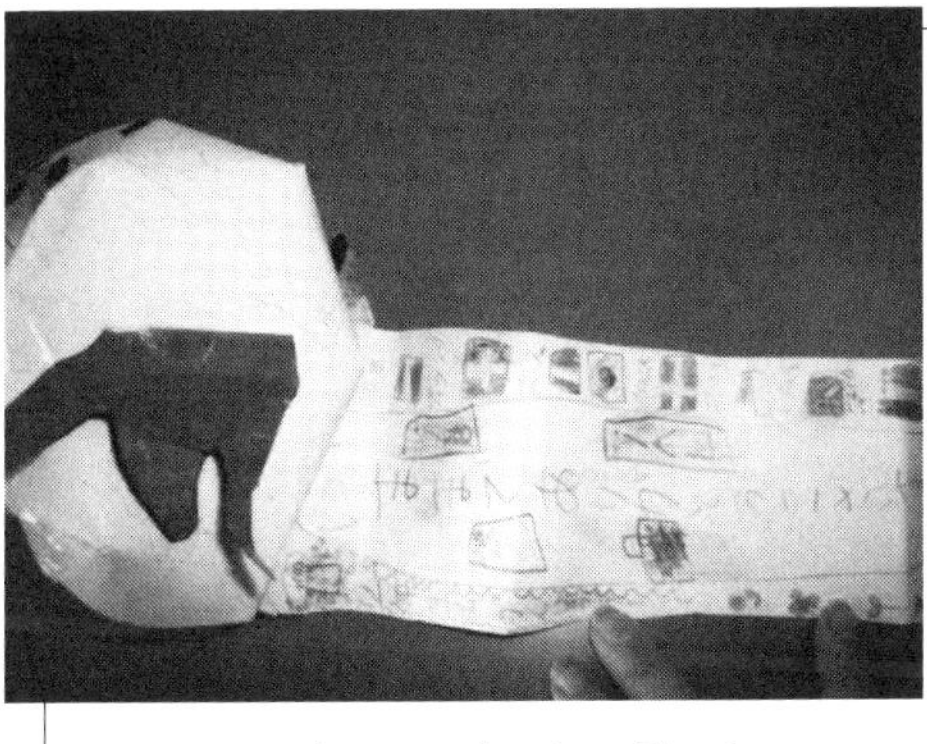

○●授業を終えて●○

「おおきなかぶ」は、掛け声やくり返しがとても楽しく、学習以前から絵本を読んだり劇に取り組んだ経験がある子どもたちがたくさんいました。実践は、光村図書の上巻の教材をあえて二月に取り組んだものです。

登場する人物が増える度に、いつも子どもたちは一番小さな人物の側に立っていました。一年生ながら懸命に上級生についていく一年間で、「小さくても願いをもっている」「小さいからこそがんばっている」という思いが培われたのかも知れません。何ともいじらしい発言でした。

この教材を通して、子ども達は大いに自分自身を語りました。また友達を認めたり、一年のふり返りに自信を抱く子もいました。何より、楽しく学習を進めながら、クラス集団としても大きく成長していく姿が眩しかったです。

三学期の最後「楽しい思い出パーティー」で、「いままでありがとうございました」という垂れ幕が出て来たのは、「おおきなかぶ」をモチーフにしたくす玉でした。本当にこの学習を楽しんでいた子どもたちだったんだなあ、と実感しました。

すばらしい教材と出会い、素敵な仲間と共に学習を深められたことは、本当に充実した楽しい時間となりました。

みなさんの学級でも、きっと素敵な「おおきなかぶ」効果があることでしょう。この本が少しでもそのお役に立てれば幸いです。

■参考文献■

＊『西郷竹彦文芸・教育全集』（恒文社　一九九八年）
＊西郷竹彦監修　荒木英治著『文芸研の授業「大きなかぶ」の授業』（明治図書　二〇〇四年）
＊西郷竹彦監修『文芸研　新国語教育事典』（明治図書　二〇〇五年）
＊西郷竹彦監修『西郷竹彦新教科書指導ハンドブック　小学校低学年の国語』（明治図書　二〇〇二年）
＊部落問題研究所編『文芸読本　はぐるま　指導の手引き』（社団法人部落問題研究所　一九七四年）
＊西郷竹彦監修　文芸研編『詩の授業　小学校低学年』（明治図書　一九九八年）
＊第四〇回文芸教育全国研究集会　提案レポート「大きなかぶ」（兵庫文芸研　和田美保　二〇〇五年）
＊第四一回文芸教育全国研究集会　提案レポート「大きなかぶ」（大阪文芸研　東清香　二〇〇五年）
＊第四二回文芸教育全国研究集会　提案レポート「大きなかぶ」（兵庫文芸研　村尾聡　二〇〇六年）

【著者】
奥　葉子（大阪文芸研・枚方サークル）

【シリーズ編集委員】五十音順　＊は編集代表
上西信夫（千葉文芸研・松戸サークル）
曽根成子（千葉文芸研・松戸サークル）
辻　恵子（千葉文芸研・松戸サークル）
山中吾郎（千葉文芸研・大東文化大学）＊

文芸研の授業シリーズ ③
おおきなかぶ

2017年7月28日　初版1刷

著　者　奥　葉子
編　集　文芸教育研究協議会
発行者　伊集院郁夫
発行所　（株）新読書社
東京都文京区本郷5-30-20　〒113-0033
電話：03-3814-6791　FAX：03-3814-3097

デザイン・組版　追川恵子　藤家　敬　　印刷　日本ハイコム（株）
ISBN978-4-7880-2114-3

【文芸研の授業シリーズ】

① たぬきの糸車　斉藤鉄也 著

② 一つの花　辻　恵子 著

③ おおきなかぶ　奥　葉子 著

★以下、「授業シリーズ」発刊予定

くじらぐも
お手紙
スーホの白い馬
かさじぞう
モチモチの木
ちいちゃんの
サーカスのライオン
ごんぎつね
世界一美しいぼくの村
太造じいさん
わらぐつの中の神様
注文の多い料理店
やまなし
海の命
川とノリオ